CARLOS MARTINEZ

Der italienische Architekt und Architekturtheoretiker Aldo Rossi verglich die Architektur mit den Wissenschaften. Wie diese schreite die Architektur voran, indem sie stetig auf bereits Erreichtes aufbaue und sich so weiterentwickele. Diesem wissenschaftlichen Aspekt dient diese Buchreihe. Seit 2000 dokumentiert sie die aktuelle Schweizer Architektur. Die Reihe wird in ihrer Kontinuität gleichsam zu einem Gedächtnis der Architektur, das die Werke dem Vergessen entzieht. Von den mit hohem Qualitätsanspruch ausgewählten Architekturschaffenden werden die wichtigsten Bauten festgehalten, ausführlich dargestellt und dokumentiert. Jeder Band dient auch der Reflexion über den architektonischen Willen, der hinter den Projekten steht. So sind in dieser Reihe mehr oder minder alle in der Schweiz wirkenden Architekturkritikerinnen und Architekturkritiker mit einzelnen oder mehreren Textbeiträgen vertreten.

Der Hauptteil in jedem Band widmet sich dagegen der Welt der Anschauung. So sind jeweils anhand von Bildern und Plänen einige bemerkenswerte Bauten dargestellt, die nicht einer routinierten «Produktion» entsprungen sind. Vielmehr steht hinter jedem Entwurf eine leidenschaftliche Auseinandersetzung mit der Aufgabe und deren Prämissen.

Heinz Wirz
Verleger



**The Italian architect and architectural theoretician Aldo Rossi compared architecture to the sciences. Like them, architecture progresses by constantly building upon what has already been achieved and develops further in this way. Since 2000, this series of books has been dedicated to the same academic approach in documenting contemporary Swiss architecture. It therefore becomes a form of architectural memory, ensuring that the architecture is not forgotten. The most important buildings by each of the selected high-quality architects are presented, described in detail and documented. Each volume also serves to reflect upon the architectural motivation behind the projects. By now, more or less every architectural critic working in Switzerland has contributed one or more articles to the series.**

**However, the core of each book is dedicated to the world of observation. Images and plans present a number of remarkable buildings that are not the result of routine "production". Instead, each design stems from a passionate engagement with the task and its premises.**

**Heinz Wirz**
**Publisher**

100 De aedibus

# CARLOS MARTINEZ

QUART

# ARCHITEKTUR, DIE GESCHICHTEN ERZÄHLT. CARLOS MARTINEZ

Daniel A. Walser

Die Arbeit des aus dem Rheintal stammenden Architekten Carlos Martinez zeugt von einer unheimlichen Freude am Entwerfen und Entwickeln von Gebäuden. Er sucht, die oft anonymen Bauorte zu verändern und ihnen Charakter sowie dem Bauwerk eine eigene Identität zu verleihen. Doch am wichtigsten ist für ihn, dass das Ergebnis den Erwartungen der Auftraggebenden entspricht, oder, wie es Álvaro Siza einst formulierte, dass der Architekt oder die Architektin die ethische Verantwortung habe, ein Projekt zu liefern, das so strikt wie möglich auf eine bestimmte Reihe von Zielen reagiert. Das heisst nicht, dass es den Vorstellungen des Auftraggebers oder der Auftraggeberin genau entsprechen muss, sondern dass es für seine Fragestellungen Lösungen anbietet.[1]

Architektur als Raummaschinen

Die Raiffeisenbank in Oberriet (2019) ist ein gutes Beispiel dafür. Die Bauträger wünschten sich, den bestehenden Drive-in-Bankautomaten um ein Beratungsdesk, Sitzungszimmer und Infrastruktur zu erweitern. Indem der Architekt die zusätzlichen Funktionen in das erste Geschoss hochhob, schuf er in einer Gemeinde mit vorwiegend unspezifischen Bauwerken und wenig zeitgenössischer Architektur einen Ort mit Charakter und die vermeintlich einfache Aufgabe resultierte in einem Bauwerk, das ein innenräumliches Erlebnis bietet.

Baustelle Raiffeisenbank, Oberriet
**Raiffeisenbank building site, Oberriet**

Zugleich fordert Álvaro Siza, dass Architektur frei bleiben solle. «Architektur sollte danach streben, etwas anderes zu werden und nicht nur eine Lösung für Pragmatiker zu sein.»[2] Gerade in einer Region, die stark von baulichem Pragmatismus geprägt ist, stechen die Gebäude von Carlos Martinez heraus. Die abstrakte, ornamentierte äussere Fassade der Raiffeisenbank in Oberriet gibt ihr Kraft und öffentliche Präsenz. Siza meint dazu: «Als Architekt möchte ich mich nicht nur mit der Lösung von Problemen beschäftigen. Es stehen andere Themen auf dem Spiel. Das eigentliche Problem ist, eine gute Balance zu halten.»[3]

Álvaro Siza stammt aus Porto. Die Vorfahren von Carlos Martinez kamen aus Asturien, das im Norden Spaniens liegt und ebenfalls von der felsigen Atlantikküste geformt ist. In beiden Regionen geht es um das Essenzielle und darum, was wirklich wichtig ist. Das ist eine Gemeinsamkeit der beiden Architekten, auch wenn sich ihre Arbeit formal unterscheidet.

Funktionale Architektur, die mehr ist

Die entwerferische Strategie von Carlos Martinez hat viel zu tun mit seinem Studium an der heutigen Fachhochschule St. Gallen. Dort prägten ihn Persönlichkeiten wie der Leiter der Architekturabteilung, Gérard Butz, oder Ueli Rhiner. Butz entwickelte in St. Gallen einen Kurs analog zu dem von Bernhard Hoesli, bei dem er von 1972 bis 1980 Assistent an der ETH Zürich gewesen war, wobei es stark um Raum und Struktur ging. Die Ausbildung dort war von Le Corbusier bestimmt und verfolgte eine skulpturale Raumauffassung als kontinuierliche Funktion, wie sie Colin Rowe in seinem Buch *Transparenz* proklamierte.[4] Beispiele dafür sind Le Corbusiers innere Raumskulptur im Haus Curutchet in La Plata in Argentinien (1953), an dessen Bau Bernhard Hoesli vor Ort beteiligt war, oder die Villa Shodhan in Ahmedabad (1956). Für Carlos Martinez ist

Fassade Raiffeisenbank, Oberriet
**Raiffeisenbank façade, Oberriet**

1 Vladimir Belogolovsky, «Beauty Is the Peak of Functionality!» (Interview; Übers. d. Verfasser), in: *archdaily.com*, https://www.archdaily.com/803250/interview-with-alvaro-siza-beauty-is-the-peak-of-functionality (zuletzt abgerufen: 5.2.2023).
2 Ebd.
3 Ebd.
4 Colin Rowe et al., *Transparenz* (4. Aufl.), Basel 1997.

# ARCHITECTURE THAT TELLS STORIES. CARLOS MARTINEZ

Daniel A. Walser

Le Corbusiers Haus Curutchet, Skizze Carlos Martinez
**Le Corbusier's Curutchet House, sketch by Carlos Martinez**

**The work of the architect Carlos Martinez, who comes from the Rhine Valley, is an expression of his incredible joy in designing and developing buildings. Often, his projects aim to transform anonymous building sites, giving them character and strengthening their identity.**

**However, the most important aspect of his architecture is ensuring that the result solves the client's problems. Or, as Álvaro Siza once stated, the architect must have the ethical responsibility to deliver a project that reacts as stringently as possible to a specific series of aims. This does not mean the project must look exactly the way the client imagines, but it must offer solutions to their problems.[1]**

##### Architecture as spatial machines

The Raiffeisenbank in Oberriet (2019) is a good recent example. It wanted to supplement its existing drive-in cash dispenser with an advice desk, a meeting room and some infrastructure. Martinez raised the additional functions onto the first floor, thereby creating a location with character in a community with mainly unspecific buildings and little contemporary architecture. Thus, seemingly simple architectural tasks have resulted in interior spatial experiences, in places where little contemporary architecture can be found.

At the same time, Álvaro Siza demands that their work should remain free. "Architecture should strive to become another thing, not just be a solution for pragmatics."[2] Buildings by Carlos Martinez stand out especially in regions that are so strongly characterised by structural pragmatism. The abstract, ornamental façade of the Raiffeisenbank in Oberriet gives it power and a public presence. As Siza puts it: "As an architect, I don't just want to be preoccupied with solving problems. There are other issues at stake. The real issue is to keep a good balance."[3]

Álvaro Siza comes from Porto. Carlos Martinez's family originally came from Asturia, a neighbouring region of northern Spain that is also characterised by a barren, rocky Atlantic coast. In both regions, the focus lies on essential qualities and what is truly important. In that sense, the two architects have much in common, even if their work is formally different.

Küste Asturiens
**Asturian coast**

##### Functional architecture that is more

The design strategy of Carlos Martinez has much to do with his studies at today's Fachhochschule St. Gallen, where his teachers included the Head of the Architecture Department, Gérard Butz, and Ueli Rhiner. In St. Gallen, Butz devised a course that is similar to its counterpart at the ETH Zurich developed by Bernhard Hoesli, which focuses strongly on space and structure. Butz had been an Assistant to Bernhard Hoesli at the ETH from 1972 to 1980. Hoesli's training was influenced by Le Corbusier and pursued a sculptural grasp of space as a continuous function, as proclaimed by Colin Rowe in his book *Transparency*.[4] Examples include Le Corbusier's interior spatial sculpture for his Curutchet

1 Vladimir Belogolovsky: "Beauty Is the Peak of Functionality!". In: *archdaily.com* https://www.archdaily.com/803250/interview-with-alvaro-siza-beauty-is-the-peak-of-functionality (last accessed: 5.2.2023).
2 Ibid.
3 Ibid.
4 Colin Rowe et al.: *Transparency*, Basel 1997.

die funktionale Raumdefinition bis heute zentral. Wie bei Hoesli sind Form, Struktur und Funktion direkt voneinander abhängig und Raum wird als eine kontinuierliche Funktion definiert.[5] Doch wirken die Bauten von Martinez frisch und aktuell, weil sie sich nicht auf die Heroen der Moderne berufen, sondern eloquent im heutigen Diskurs verortet sind. Die verwendeten Materialien, Proportionen und Konstruktionsweisen sind alles andere als rückwärtsorientiert.

Motiviert durch die frühe Selbstständigkeit und den Willen, die anstehenden gesellschaftlichen Fragen endlich anzupacken, entwickelte Carlos Martinez gemeinsam mit Marco Koeppel schon früh zwei experimentelle Siedlungen. Damit nahmen sie im Bestreben, effizient und mit architektonischem Anspruch zu bauen, eine gesamtschweizerische Vorreiterrolle ein. Die Siedlung Sparta in Widnau war ihr erster grosser Wurf. Die Anlage wurde für Freunde und Bekannte während der Wirtschaftskrise Anfang der 1990er Jahre in der Schweiz geplant und gebaut. Für Architektur war in dieser Zeit wenig Geld vorhanden und die Zinsen waren hoch. Die grosse Frage, die die beiden Architekten beschäftigte, war, wie sich die junge Generation bezahlbaren Wohnraum leisten könne. Das vorhandene Budget war bekannt und das erklärte Ziel war, dass der Entwurf diesen Betrag nicht überschreiten dürfe – «design to cost». Sie entwickelten daher ein einfaches System, das stark mit konventionellen Baustoffen und Lösungen arbeitete und suchten, den Bauprozess durch Rationalisierung besser zu kontrollieren und zu steuern. Die ursprünglich angepeilte Bausumme inklusive Land von 360 000 Franken wurde schlussendlich auch nur um 1000 Franken überschritten. Um dies zu erreichen, wurden alle Flächen stark optimiert und, etwa bei Treppen und Fenstern, immer mit den gleichen Elementen gearbeitet. Die Siedlung erinnert an die frühen Bauten des New Brutalism[6] der Smithsons – «an ethic, not an aesthetic». Auch gibt es eine Verwandtschaft zur Haltung der HfG – Hochschule für Gestaltung in Ulm, und zwar in dem Sinn, wie es Otl Aicher formulierte: «Ein auf Technik und Wissenschaft abgestütztes Modell des Designs. Der Designer [ist] nicht mehr übergeordneter Künstler, sondern geleichwertiger Partner im Entscheidungsprozess der industriellen Produktion».[7] Die Anlage sollte zwar einen Gestaltungsanspruch erfüllen, das war aber nicht das primäre Ziel des Entwurfs. Die Radikalität der jungen Architekten wurde von ihren arrivierten Kolleginnen und Kollegen belächelt, doch sie haben sowohl in finanzieller als auch in sozialer Hinsicht das Unmögliche geschafft: eine Siedlung für eine eingeschworene Gruppe von Hauseigentümern und Hauseigentümerinnen, die etwas realisiert haben, an das ausser ihnen niemand geglaubt hatte.

Gerade in der Siedlung Sparta sind aber auch die Grenzen der Lehre von Gérard Butz und Bernhard Hoesli zu sehen. Die Häuser sind streng und in ihrem eigenen System gefangen – in der Ausführung fehlte das notwendige Geld für eine gewisse poetische Komponente. Um es mit den Worten von Álvaro Siza zu sagen: «Die Funktionalität sollte nie darunter leiden, aber Architektur sollte viel mehr sein, und das Erreichen von Schönheit ist die oberste Priorität jeder Architektur.»[8] Seit Sparta sind die Bauten von Carlos Martinez keine rein funktionalen Bauwerke mehr, auch wenn sie jeweils eine ganz spezifische Aufgabe lösen. Und gerade über die vielfach elegante Formgebung, die Materialisierung und die immer wieder verwendete Ornamentik entstehen Gebäude, die eine eigene spielerische Präsenz aufweisen.

Baustelle Sparta, Widnau
**Sparta building site, Widnau**

5 Bernhard Hoesli, «Das Verhältnis von Funktion und Form in der Architektur als Grundlage für die Ausbildung des Architekten: Einführungsvorlesung an der Eidgenössischen Technischen Hochschule», in: *Schweizerische Bauzeitung*, Heft 34, 1961, S. 593–597.
6 Colin Davies, *A New History of Modern Architecture*, London 2017, S. 277.
7 Otl Aicher, «Die Hochschule für Gestaltung. Neun Stufen ihrer Entwicklung» in: *archithese* Nr. 15, 1975, S. 26–37, hier: S. 14.
8 Belogolovsky, a. a. O. (zuletzt abgerufen: 5.2.2023).

House in La Plata, Argentina (1953), on which Bernhard Hoesli himself worked on-site to assist its construction, and the Villa Shodhan in Ahmedabad (1956). For Carlos Martinez, the functional spatial definition has remained formative to this day. Like Hoesli, form, structure and function are directly interdependent, while space is defined as a continuous function.[5] However, buildings by Martinez make a fresh, contemporary impression because they do not refer to the heroes of Modernity and are instead eloquently located in current discourse. The materials, proportions and construction methods are anything but retrospective.

Sparta, Widnau
**Sparta, Widnau**

Early in his career, shaped by initial freelance work and the will to finally grapple with current social issues, Carlos Martinez worked together with Marco Koeppel to develop two experimental estates. They became pioneers throughout Switzerland in their attempts to build both efficiently and with architectural ambition. The Sparta estate in Widnau (1993) was their first great work, planned and built in Switzerland for friends and acquaintances in the early 1990s, during the economic crisis. At the time, there was little money for architecture and interest rates were high. The great question the two architects addressed was how to provide affordable housing to younger generations. The design could only cost as much as the defined budget permitted – design to cost. Thus they developed a simple system that focused heavily on conventional building materials and solutions, while also attempting to steer the building process in a better way through rationalisation. The originally targeted building sum, including the land, of CHF 360,000 was ultimately exceeded by only CHF 1,000. To that aim, all surfaces were heavily optimised, the stairs and windows using the same elements. The estate recalls early, New Brutalist[6] buildings by the Smithsons – "an ethic, not an aesthetic". It is also related to the design approach at the HfG – Hochschule für Gestaltung in Ulm, in the sense formulated by Otl Aicher: "A model of design based on engineering and science. The designer [is] no longer the overriding artist and instead an equal partner in the decision-making process of industrial production."[7] The estate should still fulfil a design ambition, but that is not its primary aim.

The young architects' radicalism was scoffed at by more established colleagues, but they still achieved the impossible, both financially and socially: building a neighbourhood for a committed group of home owners, managing something no-one else had believed in.

However, the Sparta estate also highlights the limits of Gérard Butz and Bernhard Hoesli's teachings. The houses are stringent and captured in their own system – the finishing lacked the money for a certain poetic quality. In the words of Álvaro Siza: "Functionality should never suffer, but architecture should be much more than that and achieving beauty is the top priority of any architecture."[8] Since Sparta, the buildings by Carlos Martinez have no longer been purely functional, even though they each fulfil a very specific task. Above all, the often elegant form, materialisation and repeatedly used ornamentation have created buildings with their very own, playful presence.

5 Bernhard Hoesli: "Das Verhältnis von Funktion und Form in der Architektur als Grundlage für die Ausbildung des Architekten: Einführungsvorlesung an der Eidgenössischen Technischen Hochschule". In: *Schweizerische Bauzeitung*, Issue 34, 1961, p. 593–597.
6 Colin Davies: *A New History of Modern Architecture*, London 2017, p. 277.
7 Otl Aicher: "Die Hochschule für Gestaltung. Neun Stufen ihrer Entwicklung". In: *archithese*, No. 15, 1975, p. 26–37, here: p. 14 [trans.].
8 Belogolovsky, op. cit. (FN 1).

Carlos Martinez war seit seiner Lehrzeit daran gewöhnt, mit Holz zu bauen, und mit traditionellen Konstruktionsweisen war er vertraut. 1995 errichtete er zusammen mit seinem damaligen Büropartner Marco Koeppel die Siedlung Prosa in Au.[9] Die ganz in Holzbauweise ausgeführte dreigeschossige Anlage war ebenfalls radikal gedacht: Einerseits sollte sie wenig kosten und andererseits einen für Familien üblichen Komfort bereitstellen. Auch hier wurde zuerst ein Kostendach von 520 000 Franken inklusive Land festgesetzt, was durchaus ambitioniert war. Die Radikalität des Projekts liegt in der Systematik der Konstruktion. Wände und Böden wurden inklusive aller Installationen auf die Baustelle geliefert, es mussten nur noch die Fenster eingesetzt werden. In der Schweiz war in dieser Zeit kein Holzbaubetrieb in der Lage, diese Elemente in der Fabrikhalle vorzuproduzieren, aber im benachbarten Vorarlberg waren Schreinereien und Zimmermannsbetriebe bereits viel weiter. Das Holzbauunternehmen Kaufmann konnte nicht nur eine preislich interessante Offerte erstellen, es war auch in der Lage, die Planung der Architekten wirklich umzusetzen. Im Bereich der Vorfabrikation waren Koeppel und Martinez also abermals Vorreiter.

Siedlung Prosa, Au, Montage der Elemente
**Prosa estate, Au, assembling elements**

Der Bau lebt von den konstruktiven Eigenentwicklungen und der Reduktion der verwendeten Elemente. So wurden etwa nur zwei verschiedene Fensterformate eingesetzt – ein normales und ein raumhohes Element in der gleichen Breite. Die Architekten gingen so weit, dass sie eine der ersten, wenn nicht die erste Brandmauer aus Holz in der Schweiz errichteten, was eine intensive, nicht ganz einfache Auseinandersetzung mit den Behörden des Kantons St. Gallen zur Folge hatte. Aus Backstein wäre dies mit der angestrebten Präzision und im vorgegebenen Raster nicht möglich gewesen.

Die räumliche Nähe des Rheintals zu Vorarlberg und den dortigen Holzbau-Experimenten war sicherlich inspirierend für das Projekt. Der Wiener Architekt Roland Rainer formulierte in seinem Buch das Motto «Not lehrt bauen».[10] Die engen Rahmenbedingungen, die sich Martinez und Koeppel setzten, ermöglichten es in einer wirtschaftlich angespannten Situation auch einer durchschnittlich verdienenden Familie, Wohneigentum zu erwerben.

Gerade Rudolf Wäger plante präzise Holzhäuser mit kleinsten Budgets.[11] Seine Siedlung Ruhwiesen in Schlins im Walgau (1973) kann als Pendant zur Siedlung Halen (Atelier 5, 1955–1961) in der Schweiz angesehen werden, wobei es in Schlins einen Selbstbauanteil der Eigentümerschaft gab, um den radikal sparsamen konstruktiven Holzbau zu errichten. Diesen Ansatz erachteten die Architekten als nicht mehr zeitgemäss, dennoch haben Prosa und das Werk von Rudolf Wäger, dessen Bauten Carlos Martinez damals alle selbst besucht hat, viel gemeinsam. In der Siedlung Wägers ist «bis zur Vollendung entwickelte Ökonomie und Rationalität von Funktion und Konstruktion erkennbar, die nur vom reinen und einfachen Bauen sprechen will, und eben deshalb Architektur geworden ist»[12], so Dietmar Steiner. Wäger zeigt in seinem Werk, wie mathematisch präzis ein Holzbau entworfen werden kann. Hier kommen sich die Siedlung Prosa und das Werk Wägers durchaus nahe. Aber auch die sozial und raumplanerisch engagierten Bauten des Vorarlberger Architekten Hans Purin interessierten Martinez sehr. So ist beispielsweise die Reihenhaussiedlung Halde in Bludenz (1965–1967) ebenfalls ein wichtiger Vorläufer für Sparta und Prosa. Die Bauten stellen sich mit ihrer klaren Reihenhaustypologie und ihren Betonschotten gegen die Zersiedlung des Hanges und gelten in Vorarlberg als ein Manifest für ökonomisches Bauen in Holz.

Rudolf Wäger, Skizze Carlos Martinez
**Rudolf Wäger, sketch by Carlos Martinez**

9 «Holzbausiedlung in Au SG, 1994–1995: Architekten Marco Koeppel, Carlos Martinez», in: *Werk, Bauen + Wohnen*, Nr. 11, 1995, S. 8–13.

10 Roland Rainer, *Ebenerdige Wohnhäuser*, Wien 1948.

11 Otto Kapfinger, «Vorarlberger Bauschule. Kurze Geschichte zur Entstehung und Wirkung einer Schule, die nie eine war» in: ders., *Architektur im Sprachraum: Essays, Reden, Kritiken zum Planen und Bauen in Österreich seit 1980*. Zürich 2014, S. 33–44, hier: S. 34.

12 Dietmar Steiner, «Siedlung Ruhwiesen», in: nextroom.at https://www.nextroom.at/building.php?id=2403 (zuletzt abgerufen: 5.2.2023).

### Wood teaches building

Ever since his apprenticeship under Werner Bänziger and Martin Graber, Carlos Martinez has been used to working with traditional construction methods. In 1995, together with Marco Koeppel, his office partner at the time, he built the Prosa estate in Au.[9] Made entirely of wood, the three-storey estate was also conceived radically: its costs had to be low, but it needed to provide the usual comfort levels for families. Once again, an average budget ceiling of CHF 520,000 was set, including the land, which was certainly ambitious. The project's radical nature lies in its construction system. Walls and floors were delivered to the building site with all their installations; only the window casements had to be mounted. At the time, no Swiss timber construction company was able to prefabricate these elements at their works, but in the neighbouring Vorarlberg region, carpentry and joinery firms were much more advanced. The wood construction company Kaufmann made them a financially attractive offer and was also able to implement the plans. Thus, Koeppel and Martinez were also pioneers in the field of radical prefabrication.

The building thrives on its constructive inventiveness and reduced elements. For instance, only two different window formats were used – one standard and one room-high element with the same width. The architects went as far as building one of, or perhaps *the* first wooden firewall in Switzerland, leading to intense and difficult disputes with the Canton of St. Gallen authorities. Yet it would have been impossible to achieve the desired precision and adhere to the defined grid using bricks.

Siedlung Prosa, Au
**Prosa estate, Au**

It was certainly inspirational for the project that the Rhine Valley region is near the Vorarlberg and the wood construction experiments carried out there. In his book, the Viennese architect Roland Rainer coined the motto that "necessity teaches building".[10] The strict underlying conditions meant an average-income family could afford a home in difficult economic times.

In particular, Rudolf Wäger planned precise wooden buildings using extremely low budgets.[11] His Ruhwiesen estate in Schlins, Walgau (1973) is perhaps a Swiss equivalent of the Halen estate by Atelier 5 (1955–1961), whereby the Schlins project involved a certain amount of self-construction by the owners to build the radically economic wooden building. Martinez and Koeppel did not regard that approach as contemporary, yet the Prosa estate has much in common with the work of Rudolf Wäger. As Dietmar Steiner explains, Wäger's estate, "reveals a perfectly developed economy and rationalism of function and construction, expressing only pure, simple building, which has therefore become architecture."[12] Wäger demonstrates the mathematical precision with which a wooden building can be designed. Prosa and Wäger's work have strong similarities in that respect. Yet Martinez is also very interested in the buildings by the Vorarlberg architect Hans Purin, which express his social and spatial-planning engagement. For instance, the Halde terraced housing estate in Bludenz (1965–1967) is an important precursor of both Sparta and Prosa. The buildings' clear terraced-housing typology and their concrete bulkheads counteract the sprawl on the slope and are regarded in Vorarlberg as a manifesto of economic wood construction.

9 "Holzbausiedlung in Au SG, 1994–1995: Architekten Marco Koeppel, Carlos Martinez". In: *Werk, Bauen + Wohnen*, No. 11, 1995, p. 8–13.
10 Roland Rainer: *Ebenerdige Wohnhäuser*, Vienna 1948 [trans].
11 Otto Kapfinger: "Vorarlberger Bauschule. Kurze Geschichte zur Entstehung und Wirkung einer Schule, die nie eine war". In: *Architektur im Sprachraum: Essays, Reden, Kritiken zum Planen und Bauen in Österreich seit 1980*, Zurich, 2014, p. 33–44, here p. 34.
12 Dietmar Steiner: "Siedlung Ruhwiesen". In: *nextroom.at*, https://www.nextroom.at/building.php?id=2403 (last accessed: 05.02.2023) [trans.].

Die Architektur der Vorarlberger Baukünstler entwickelte sich in dieser Zeit rasant von einer Alternativszene zur Leitkultur, wie Otto Kapfinger betont.[13] Formal, aber auch konstruktiv interessierten sich Koeppel und Martinez vor allem für die jüngere Generation wie Baumschlager Eberle, Helmut Dietrich und Much Untertrifaller sowie Hermann Kaufmann und Christian Lenz. Die von diesen unternommenen Experimente in der Vorfabrikation dürfen als vorbildlich gelten.

Die Siedlung Prosa ist für Carlos Martinez ein Schlüsselwerk. Die Präzision seiner architektonischen Arbeit, der direkte Umgang mit Auftraggebenden und Unternehmen sowie die städtebaulichen und sozialen Zusammenhänge wurden an beiden Anlagen – Sparta und Prosa – durchgespielt. Vor allem Prosa muss als reife Arbeit angesehen werden. In der österreichischen Fachzeitschrift *Zuschnitt* gab es, rückblickend auf die Entwicklung des Holzbaus in Österreich, einen Beitrag von Otto Kapfinger mit dem Titel «Holz lehrt bauen».[14] Dies ist auch bei Martinez zu konstatieren. Über das Arbeiten mit Holz weiss er genau, wie Vorgaben zu machen sind, um klar zu kommunizieren, wohin man mit einem Entwurf möchte, und damit die Kompetenz des Handwerkers oder der Handwerkerin abzuholen. Eine gute Zusammenarbeit mit den Ausführenden macht Bauten schlussendlich stärker.

Aufbau Knies Zauberhut, Rapperswil
**Assembling the Knie Conjurer's Hat, Rapperswil**

Architektur, die Geschichten erzählt

Die Bauten von Carlos Martinez erzählen immer auch Geschichten vom Ort, von der Architektur und wie sie gedacht wurde, von den Auftraggebenden, aber auch und vor allem von den Menschen, die sie benutzen, bewohnen und beleben. Bei der Präsentation seines Entwurfs für den geladenen Wettbewerb für Knies Zauberhut in Rapperswil-Jona (2018–2020) überzeugte Martinez durch die Idee eines Zauberers, der sein Tuch vom Tisch hochhebt, um die Form des Entwurfs zu erklären. Diese einfache und direkte Art gefiel dem Auftraggeber und so bekam Martinez den Auftrag. Derartige Geschichten kann man auch von anderen Auftraggebenden immer wieder hören.

Der Architekt nennt diese Art der Beschreibung von Bauwerken «Räubergeschichten». Doch geht es dabei nicht nur darum, wie er selbst sich ein Gebäude in verschiedenen Szenarien vorstellt, sondern auch darum, diese Vorstellungen in klaren Bildern und Gedanken den Auftraggebenden zu vermitteln. Das ist wohl ein zentraler Punkt: Sie werden in den Prozess eingebunden, es gibt einen Austausch, ein Sich-gegenseitig-Finden. Das führt zu einer Stärkung der Grundidee, so dass die spezifischen Bedürfnisse der Auftraggebenden erfüllt werden.

Die Geschichten zu den Bauten bilden auch die Grundlage für die Struktur und die städtebauliche Setzung. Im Unterschied zu den meisten anderen liegt den Arbeiten von Carlos Martinez eine Idee zugrunde, die weit über die reine Funktion und Konstruktion hinausgeht – analog zu Valerio Olgiati, bei dem der Bau seinen Sinn erst durch die Idee erhält.[15]

Für ihn sind Ornamente und Muster kein Tabu, wie die Betonelemente an der Fassade der Raiffeisenbank in Oberriet, das Muster der Decke in seinem Büro im Stapelhaus Generator (2008) oder die Verschattung an den Behandlungsräumen des Medizinzentrums des Hotel Säntispark in Abtwil (2014) zeigen. Martinez wollte nach seinem Studium in Barcelona, damals eine für Architekturschaffende besonders anziehende Stadt, arbeiten, was schliesslich aus privaten Gründen nicht möglich war. Barcelona und die spanische Architektur der 1990er Jahre blieben aber immer ein wichtiger Fluchtpunkt für seine Vorstellungen, etwa in Form Josep Lluís Serts Analyse der Bauten von Antoni Gaudí, bei welchen sich hinter den starken Ornamenten eine strenge

13 Kapfinger, a. a. O., hier S. 36–37.
14 Otto Kapfinger, «Holz lehrt bauen. Österreichische Beispiele 1952 bis 1970», in: *Zuschnitt*, Heft 27, 2007, S. 4–7.
15 Markus Breitschmid, Valerio Olgiati, *Die Bedeutung der Idee in der Architektur von Valerio Olgiati. The significance of the idea in the architecture of Valerio Olgiati*, Sulgen 2008.

As Otto Kapfinger stresses, designs by Vorarlberg architects were developing rapidly from an alternative scene to a dominant culture.[13] Formally and also constructively, Koeppel and Martinez were especially interested in younger generations such as Baumschlager Eberle, Helmut Dietrich and Much Untertrifaller, as well as Hermann Kaufmann and Christian Lenz. Their experiments in the field of prefabrication can be regarded as exemplary.
The Prosa estate is a key Martinez project. The precision of his work, his handling of the client and companies, and the aspects of urban planning and society were all rehearsed in these two estates, Sparta and Prosa. Above all, Prosa must be regarded as a mature work. In the Austrian journal *Zuschnitt,* a review of wood construction in Austria included an article by Otto Kapfinger entitled "Wood teaches building".[14] Precisely the same applies to Carlos Martinez. He knows exactly about wood construction, how parameters should be defined in order to clearly communicate the direction of a design, thereby harnessing the competence of craftsmanship. Ultimately, good collaboration with those carrying out the construction work makes buildings stronger.

#### Architecture that tells stories

The buildings by Carlos Martinez always also tell stories of the location, of the architecture and the way it was conceived, of the clients, but also and especially of the people who use, inhabit and enliven them. During his presentation to the invitation competition for the Knie Conjurer's Hat in Rapperswil-Jona (2018–2020), Martinez impressed with his idea of a magician making his silk cloth float from table to table to describe the form of the design. The client appreciated this simple, direct method and so Martinez was awarded the contract. There are plenty of similar stories from other clients.

The architect calls this type of description "bandit stories". However, his approach is not just a matter of imagining a building in various scenarios, but also communicating these to the client in clear images and thoughts. That is a key aspect: they are involved through a process of exchange and mutual understanding. That exchange strengthens the underlying idea, fulfilling the specific requirements of the client.

Stories about buildings also form the basis of their structure and urban-planning placement. Unlike most other works, those by Carlos Martinez are based on an idea that goes far beyond pure function and construction – like Valerio Olgiati, for whom a building's significance is only achieved through the architectural idea.[15]

Bahnhof Atocha, Madrid
**Atocha Station, Madrid**

Carlos Martinez does not regard ornaments and patterns as a taboo, as shown by the concrete elements on the façade of the Raiffeisenbank in Oberriet, the ceiling patterns in his own office in the stacked Generator building (2008), and the blinds for the for treatment rooms of the medical centre at Hotel Säntispark in Abtwil (2014). After his studies, Martinez had intended to work in Barcelona, at the time an especially attractive city for architects. However, he was prevented from doing so for private reasons. Yet Barcelona and Spanish 1990s architecture remained an important point of reference for his stance, for instance in the form of Josep Lluís Sert's analysis of buildings by Antoni Gaudí, where the strict geometry and static structures are hidden behind powerful ornamentation.[16] He was

Kongresszentrum Kursaal, San Sebastian
**Kursaal Congress Centre, San Sebastian**

13 Kapfinger, op. cit. (FN 11).
14 Otto Kapfinger: "Holz lehrt bauen. Österreichische Beispiele 1952 bis 1970". In: *Zuschnitt,* Issue 27, 2007, p. 4–7 [trans.].
15 Markus Breitschmid, Valerio Olgiati: *Die Bedeutung der Idee in der Architektur von Valerio Olgiati. The significance of the idea in the architecture of Valerio Olgiati,* Sulgen 2008, p. 14.
16 James Johnson Sweeney, Josep Lluís Sert: *Antoni Gaudí,* Stuttgart 1960, p. 173–176.

Geometrie und statische Struktur verbergen.[16] Werke wie der Mercat de Santa Caterina (1997–2005) von Enric Miralles und Benedetta Tagliabue, bei dem eine kräftige Grundidee strukturell umgesetzt wurde, interessieren ihn ebenfalls. Aber auch der Bahnhof Atocha in Madrid (1984–1992, 2012) oder das Kongresszentrum Kursaal in Donostia-San Sebastián (2007) von Rafael Moneo generieren aus ihrer klaren Grundstruktur zugleich poetische und raffinierte Orte, die viel mehr sind als eine objekthafte Setzung.

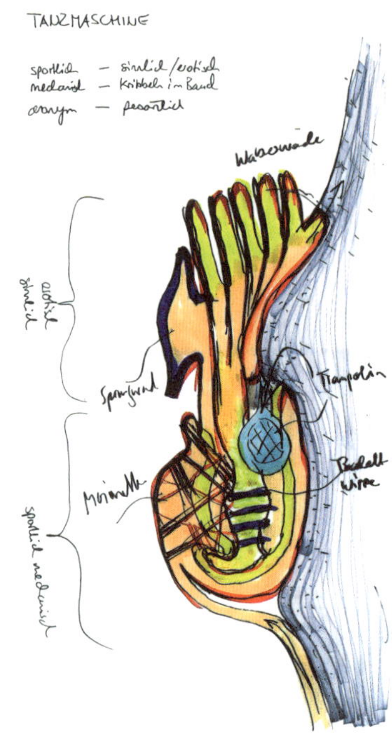

Expo 01, Konzeptskizze Tanzmaschine
**Expo 01, dance machine concept**

#### Frei von gängigen Konventionen

Architektur ist für Martinez nicht statisch. Sie entwickelt sich laufend weiter und ist immer auch ein Experiment. Auch diese Haltung (von der Gérard Butz ebenfalls überzeugt war), liegt in seinem Studium begründet. Bernhard Hoesli stellte einmal fest: «Ebenso ist in der Architektur keine Perfektion möglich; es gibt nur immer neue Experimente.»[17]

Die Modelle, welche Martinez für die Expo.01 gebaut hat, zeigen, wie frei er denkt und Dinge von Grund auf neu entwickeln kann. Die Gestaltung scheint formal neuartig zu sein, war aber durchaus konstruktiv gedacht und als Tensegrity-Struktur entworfen worden.[18] Über einen offenen Wettbewerb beauftragt, setzte er bei der Expo.02 in Neuchâtel für die Ostschweizer Kantone den Ausstellungspavillon AUA Extrema (2002) um, in dem man barfuss das Element Wasser erleben konnte. Das Wasser des Neuenburgersees war also direkt Teil der Ausstellung.

Durch offenes Nachdenken über räumliche und architektonische Situationen besitzt Martinez eine Nähe zur Kunst und zu künstlerischen Herangehensweisen und Methoden. Kein Wunder, dass er gemeinsam mit der ebenfalls aus dem Rheintal stammenden Künstlerin Pipilotti Rist am Wettbewerb für die Stadtlounge in St. Gallen (2005) teilnahm. Ihre unkonventionelle Lösung für das Areal rund um die ehemaligen Stickereigebäude mit dem neuen Hauptsitz der Raiffeisenbank ist bemerkenswert: Sie schufen «ein ganz in Rot getauchtes öffentliches Wohnzimmer von mehreren hundert Quadratmetern, das sich rund um die Bürogebäude ausbreitet und selbst die angrenzende Synagoge umschliesst, möbliert mit abgerundeten Bänken, Tischen, Abfalleimern und einem Sportwagen, dekoriert mit Ginkgobäumen und einem Brunnen, beleuchtet von ‹Bubbles›, schwebenden Lichtkörpern». [19] Die Jury erkannte, dass es ein «gestalterischer Entwurf mit der Qualität einer städtebaulichen Ikone» ist. Hier wurde ein verlassener Hinterhof in einen öffentlichen Ort verwandelt, der Tag und Nacht belebt ist. Ein zweiter Wettbewerb, den das Team 2006 gemeinsam in Dänemark gewonnen hat, wurde bis anhin nicht ausgeführt, dafür aber die Lichtdecke in einer Skybar in Wien (2010).

#### Die Architektur in der Peripherie

Bei den frühen Siedlungen Sparta und Prosa war Städtebau ein essenzieller Teil der Planung. Es ging nicht nur um den Preis pro Quadratmeter, sondern auch um Fragen des Zusammenlebens innerhalb der Anlagen und deren Bezüge zum Umfeld. Städtebau und Architektur sind bei Martinez eng miteinander verbunden. Die oft eleganten Bauwerke reagieren situativ auf ihre in verschiedene Richtungen ausufernde Umgebung, wie etwa die Secli Weinwelt in Buchs (2014), die ihre innere funktionale Komplexität nach aussen trägt und die verschiedenen Seiten des Grundstücks spezifisch nutzt.

Secli Weinwelt, Buchs, Modell
**Secli Weinwelt, Buchs, model**

16 James Johnson Sweeney, Josep Lluís Sert, *Antoni Gaudí*, Stuttgart 1960, S. 173–176.
17 Hoesli, a. a. O., hier: S. 595.
18 Christoph Luchsinger, «Gefässe oder Bauten? Vorstudien für die ‹Arteplages› an der Expo.01, 1998» in: *Werk, Bauen + Wohnen*, Nr. 09, 1998, S. 44f.
19 «Der rote Teppich von St. Gallen. Eine Stadt auf der Suche nach urbaner Identität», in: *Neue Zürcher Zeitung* [2.11.2005], S. 17.

also interested in works such as the Mercat de Santa Caterina (1997–2005) by Enric Miralles and Benedetta Tagliabue, where a strong underlying idea is implemented structurally. Other works, such as Atocha Station in Madrid (1984–1992, 2012) and the Kursaal conference centre in Donostia-San Sebastián (Rafael Moneo, 2007), generate sophisticated, poetic locations out of their clear basic structure, becoming much more than mere structural placement.

###### Free of common conventions

Martinez does not regard architecture as static. It continuously develops and is always an experiment. This stance (to which Gérard Butz was also committed), is founded in his studies. Bernhard Hoesli once stated: "Equally, perfection is impossible in architecture; there are only new experiments."[17]

The models Martinez built for the Expo.01 reveal how freely he thinks and can conceive things in a fundamentally new way. The design appears to be formally new, but was consistently conceived from a constructive perspective and designed as a tensegrity structure.[18] Commissioned following an open competition, he built the AUA Extrema pavilion for the Eastern Swiss cantons at the Expo.02 in Neuchâtel (2002). It included the barefoot experiencing of water, making Lake Neuchâtel a direct part of the exhibition.

Martinez achieves a proximity to artistic approaches and methods by considering spatial and architectural situations. Little wonder that he participated in the competition for the Stadtlounge in St. Gallen (2005) together with the artist Pipilotti Rist, also from the Rhine Valley region. They conceived a remarkably unconventional solution for the grounds surrounding the former embroidery buildings housing the new headquarters for the Raiffeisenbank: "a public living room completely immersed in red, with a size of several hundred square metres, which spreads around the office grounds and even envelops the adjoining synagogue. It is furnished with rounded benches, tables, dustbins and a sports car, and decorated with gingko flowers and a fountain, illuminated with floating lights known as "bubbles."[19] The jury recognised it as a "creative design with the quality of an urban-planning icon". It transforms a deserted rear courtyard into a public space that is lively day and night. A second competition, which the team won together in Denmark in 2006, has not yet been carried out, but for this they implemented a luminous ceiling in a sky bar in Vienna (2010).

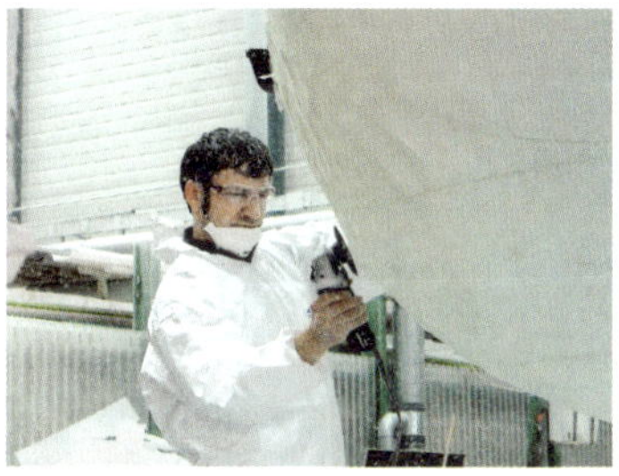

Stadtlounge, St. Gallen, Arbeiten an der amorphen Form der Leuchten
**Urban lounge, St. Gallen, working on the amorphous form of the lights**

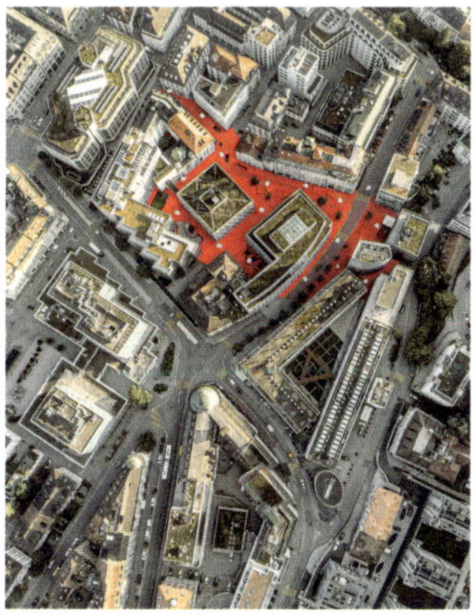

Stadtlounge, St. Gallen, Luftaufnahme
**Urban lounge, St. Gallen, aerial photograph**

###### Architecture for the periphery

Urban planning was an essential aspect of planning for the early Sparta and Prosa estates. Instead of only focusing on the price per square metre, they also addressed aspects of living together within facilities and their relationship with the surrounding environment. For Martinez, urban planning and architecture are closely connected. The often elegant buildings react to the situation in the surroundings, which spread out in various directions, such as the Secli Weinwelt in Buchs (2014), which transfers its interior function complexity into the outside world and specifically uses the different sides of the property.

Buildings by Carlos Martinez can be found where Switzerland is changing the most. Instead of inner cities, they are mostly situated in agglomeration zones and peripheral areas, where the greatest economic growth is taking place on a

17 Hoesli, op. cit., here p. 595.
18 Christoph Luchsinger: "Gefässe oder Bauten? Vorstudien für die 'Arteplages' an der Expo.01, 1998". In: *Werk, bauen + wohnen*, No. 9, 1998, p. 44f.
19 "Der rote Teppich von St. Gallen. Eine Stadt auf der Suche nach urbaner Identität". In: *Neue Zürcher Zeitung*, [2.11.2005], p. 17.

Da, wo sich die Schweiz am meisten verändert, sind Carlos Martinez Bauten zu finden. Sie stehen meist nicht in den Innenstädten, sondern in Agglomerationszonen und peripheren Gebieten, wo schweizweit auch das grösste wirtschaftliche Wachstum stattfindet. Hier wird viel gebaut, doch wenn etwas nicht mehr gebraucht wird, verschwindet es genauso schnell wieder. Der holländische Architekt Rem Koolhaas zeigte in seiner Untersuchung «Stadt ohne Eigenschaften», wie rasch Gebäude wieder abgerissen werden, wenn sie ihrer Funktion nicht mehr gerecht werden, und dass dieser stetige Wandel immer wieder Neues schafft.[20] Es sind urbane Räume, die «dem Würgegriff der Identität» und «der Zwangsjacke des Zentrums» entflohen sind.[21] Auch wenn das Rheintal keine Millionen-Metropole ist, sind die Phänomene in einem anderen Massstab dieselben. In einer weiteren Untersuchung zeigt Koolhaas, dass das Einkaufen eine der wenigen Funktionen ist, die heute noch allgemein zugängliche, öffentliche Orte kreieren. Gerade in peripheren Lagen ist diese Verarmung des öffentlichen Raums auch in der Schweiz ein Problem. Dieser belanglosen Architektur stellt sich das Schaffen von Martinez entgegen: Da die Bauten nicht rein funktional entworfen werden, bieten sie einen gesellschaftlichen und städtebaulichen Mehrwert.

Das Interesse an den mehrdeutigen Orten entlang von peripheren Verbindungsstrassen teilt er mit Robert Venturi und Denise Scott Brown, die in ihren Untersuchungen zu Las Vegas und dem amerikanischen Way of life mit *Learning from Las Vegas* und in ihrem gebauten Werk genau solche Orte in den USA thematisieren.[22] Wobei Martinez nicht das Bildhafte an den Bauten interessiert, sondern sie als Chance begreift. Er entwirft keine «dekorierten Schuppen», sondern «Enten». Diese sind strukturell gedacht und fügen sich zu einer innenräumlichen Skulptur mit verschiedenen Blickbezügen, wie beim Sitzungsraum der Secli Weinwelt in Buchs, der räumlich ins Weinlager eingeschoben wurde. Reines Fassadenspiel interessiert ihn nicht.

Martinez ist gegen eine «Objektfixierung» und begreift sie als eine «urbane Verklammerung von Masse und Raum», wie dies Bernhard Hoesli formulierte.[23] Seine Bauten sind Teil einer «dialogischen Stadt», basierend auf dem Einfluss von Aldo Rossi und Hoesli. Doch orientieren sie sich nicht an historischen Referenzen, sondern schaffen über eine architektonisch räumliche, aber auch strukturelle Idee einen Ort.

#### Architektur, die Gemeinschaft fördert

Prosa ist bis heute ein lebhafter Ort, wo man sich kennt und austauscht. Auch bei aktuellen Projekten wie dem Campus Motel Buchs (–2024) und der Siedlung Arrivée in Horn (–2025) spielen diese Themen eine grosse Rolle. Städtebau ist nicht nur eine räumliche Fragestellung, sondern auch eine soziale.

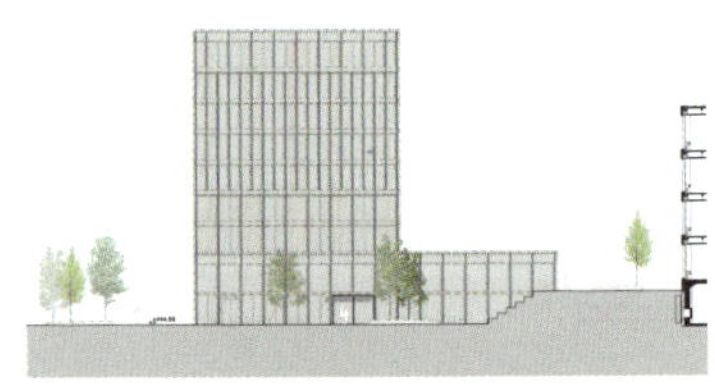

Ansicht Campus Tower NTB, Buchs
**Elevation, Campus Tower NTB, Buchs**

Carlos Martinez nutzte die Chancen der Peripherie geschickt und bereits bei seinen ersten Projekten, damals noch mit Marco Koeppel, erarbeitete er sich grosses Vertrauen. In der etwas abgelegenen Gegend zählen weniger theoretische Konstrukte, vielmehr geht es darum, die Dinge anzupacken und zu tun. So grosse und eigenständige Projekte in zentraler Lage durchzuziehen, wäre wohl schwieriger gewesen. Carlos Martinez hat bei seinen ersten Bauten gezeigt, was es heisst, Architektur mit einer Vision und einer strukturellen Idee zu entwickeln. Dieser Art des Bauens ist er treu geblieben. Gute Architektur muss funktionieren und sie erzählt immer auch Geschichten. Geschichten, die die soziale Währung sind, die unsere Städte zusammenhält – nicht nur im Rheintal.

Ideen entwickeln in der Bibliothek des Generators in Berneck
**Developing ideas in the Generator library in Berneck**

20 Rem Koolhaas et al., *The Harvard Design School Guide to Shopping*, Köln 2001.
21 Rem Koolhaas, Bruce Mau, «The Generic City», in: Jennifer Sigler (Hrsg.), *SMLXL: Small, Medium, Large, Extra-Large*, mit Fotografien von Hans Werlemann, New York / Rotterdam 1995, S. 1238–1268, hier: S. 1249–1250.
22 Robert Venturi, Steven Izenour, Denise Scott Brown, «Die Architektur des Strip», in diess.: *Lernen von Las Vegas. Zur Ikonographie und Architektursymbolik der Geschäftsstadt*, Braunschweig 1979, S. 49–58.
23 Bernhard Hoesli, «Objektfixierung contra Stadtgestalt», in: *werk – archithese*, Nr. 33–34, 1979, S. 28–32, hier: S. 30.

national level. These areas are experiencing considerable construction, but when no longer needed, they also disappear just as quickly. In his study *The City Without Qualities*, the Dutch architect Rem Koolhaas described how swiftly they are demolished again if they can no longer fulfil their function and that this constant transformation always creates new things. They are urban spaces that have escaped the "straitjacket of identity" and the "captivity of the center".[20] Although the Rhine Valley region is no metropolis, the phenomena are the same on a different scale. In another study, Koolhaas demonstrates how shopping is one of the few functions that still create universally accessible public spaces. In peripheral locations, the impoverishment of public areas is especially problematic, also in Switzerland.[21] The works by Martinez counteract such insignificant architecture. Since the buildings are not designed in a purely functional way, they offer added social and urban-planning value.

Martinez shares this interest in multivalent locations along peripheral connecting roads with Robert Venturi and Denise Scott Brown, who specifically address such locations in the USA in their studies on Las Vegas and the American way of life in *Learning from Las Vegas* and their built works.[22] However, Martinez is less interested in the image of a building, preferring to grasp it as an opportunity. Instead of "decorated sheds", he designs "ducks". They are conceived structurally and merge to form an interior-spatial sculpture with various visual references, as in the case of the meeting room in the Secli Weinwelt in Buchs, which was spatially inserted into the wine cellar.

Robert Venturi / Denise Scott Brown / Steven Izenour, I am a monument, Skizze Carlos Martinez
**Robert Venturi, Denise Scott Brown, Steven Izenour: I am a monument, sketch by Carlos Martinez**

Martinez rejects "fixed buildings" in favour of "interwoven construction mass and space", as Bernhard Hoesli described it.[23] His buildings form part of the "city in dialogue", based on the influence of Aldo Rossi and Bernhard Hoesli. Yet they are not orientated towards historical references, instead creating locations by means of an architectural, spatial and structural idea. It is not about visual imitation or references, but about activating the surroundings through new edifices, as demonstrated by the visual references to the location from the main room in the "Haus des Weins" in Berneck (2018).

### Architecture to enhance communities

Prosa is still a lively place where people know each other and exchange ideas. These themes also play a major role in current projects such as the Campus Motel Buchs (–2024) and the Arrivée housing estate in Horn (–2025). Urban development is not only a spatial issue, but also a social one.

Carlos Martinez has skilfully used the potential of the periphery. The architects have built up great trust with their first Prosa and Sparta projects. In the somewhat remote region, theoretical constructs are not what counts. Instead, it is much more about grasping things and taking measures. It would no doubt have been more difficult to implement such a major project so autonomously at a central location. With his first buildings, Martinez has shown what it means to develop architecture with a vision and a structural concept. Good architecture has to work and also always tells stories. Stories forming the social currency that holds our urban environments together – not only the Rhine Valley region.

20 Rem Koolhaas, Bruce Mau, Jennifer Sigler, Hans Werlemann: "The Generic City". In id.: *S,M,L,XL: Small, Medium, Large, Extra-Large,* New York, 1995, p. 1238–1268, p. 1249–1250.
21 Rem Koolhaas et al.: *The Harvard Design School Guide to Shopping,* Cologne 2001.
22 Robert Venturi, Steven Izenour, Denise Scott Brown: "The architecture of the Strip": in id.: *Learning from Las Vegas,* Cambridge MA 1972, p. 49–58.
23 Bernhard Hoesli: "Objektfixierung contra Stadtgestalt". In: *werk – archithese,* No. 33–34, 1979, p. 28–32, here p. 30 [trans.].

## SIEDLUNG PROSA, AU
Rhythmus und Takt

«Wie baut man ein Haus für eine Familie mit beschränktem Budget?», lautete die Ausgangsfrage für dieses Projekt. Damals war es unüblich, sich am Investitionsrahmen der Auftraggebenden zu orientieren und die Umsetzung budgetgerecht anzugehen. Heute ist «design to cost» die Norm.

In der Siedlung Prosa liegen 14 Doppelhaushälften hufeisenförmig um einen gemeinsamen Hof. Sie zeichnen sich durch ihre wirtschaftliche Bauweise aus. Zur Vereinfachung beruht jedes Gebäude auf einem Ein-Meter-Raster. Dank Vorfertigung der Holztafelelemente gelang es, die Hauptstrukturen innerhalb von nur acht Tagen aufzurichten. Erstmalig in der Schweiz kamen Brandwände aus Holz zum Einsatz. Die einheitliche Bauweise, die harmonisch getaktete Anordnung und die beschwingten Baukörper mit Pultdächern erzeugen eine rhythmische Architektursprache.

Alle Fassadenöffnungen sind in der ganzen Siedlung auf zwei Standardgrössen festgelegt. Im Inneren halten die tragenden Aussenwände die Etagen frei von Gliederungen. Lediglich die Treppe strukturiert den Raum. Sie ist in jedem Haus gleich gesetzt. Die Auftraggebenden planten ihr spezifisches Raumprogramm und die Bespielung sämtlicher Oberflächen gemeinsam mit den Architekten. Durch die aktive Einbindung der Eigentümerinnen und Eigentümer vor Baubeginn konnte sich früh ein starkes Gemeinschaftsgefühl entwickeln.

Noch heute überzeugt die Siedlung Prosa mit einem Höchstmass an individueller Wohn- und Lebensqualität inmitten bestehender Quartierstrukturen.

## PROSA ESTATE, AU
**Rhythm and measure**

**The initial question for this project was: "how does one build a house for a family with a limited budget?" At the time, it was unusual to orientate the design towards the client's financial means and ensure that implementation remains within budget. Today, designing to cost is standard.**

**The Prosa estate comprises 14 semi-detached buildings placed in a horseshoe formation surrounding a communal courtyard. They are characterised by their economical building method. For the purpose of simplification, every building is based on a one-metre grid. Prefabricating the wooden elements made it possible to erect the main structures within only eight days. Wooden firewalls were used for the first time in Switzerland. The uniform building method, the harmoniously measured arrangement and the sweeping volumes with pent roofs achieve a rhythmical architectural language.**

**All façade apertures are limited to two standard sizes on the entire estate. Inside, the load-bearing exterior walls allow the floors to be freely organised. Only the staircase structures the space and is placed in the same position in every house. The client collaborated with the architects in planning their specific spatial programme and the way all surfaces were used. Actively integrating the owners into the project in this way led to a strong sense of community.**

**Even today, the Prosa estate impresses with the highest level of individual and living quality in the midst of existing neighbourhood structures.**

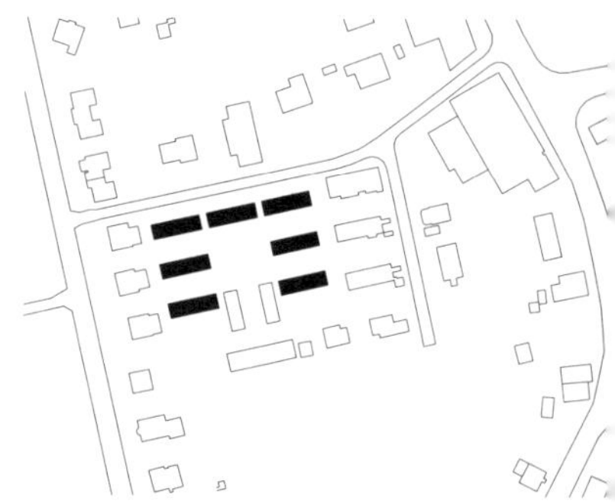

Planung und Ausführung: 1993–1996
Auftraggebende: 14 private Familien
Generalunternehmung:
Sonnenbau Gruppe,
Jonny Hutter, Diepoldsau
Statik: kaufmann zimmerei und tischlerei gmbh, Rudl Beer, Stefan Kraus, Reuthe
Projektleitung: Carlos Martinez, Marco Koeppel
Mitarbeit: Walter Hungerbühler

**Planning and construction: 1993–1996**
**Client: 14 private families**
**General contractor:**
**Sonnenbau Gruppe, Jonny Hutter, Diepoldsau**
**Statics: kaufmann zimmerei und tischlerei gmbh, Rudl Beer, Stefan Kraus, Reuthe**
**Project management: Carlos Martinez, Marco Koeppel**
**Team: Walter Hungerbühler**

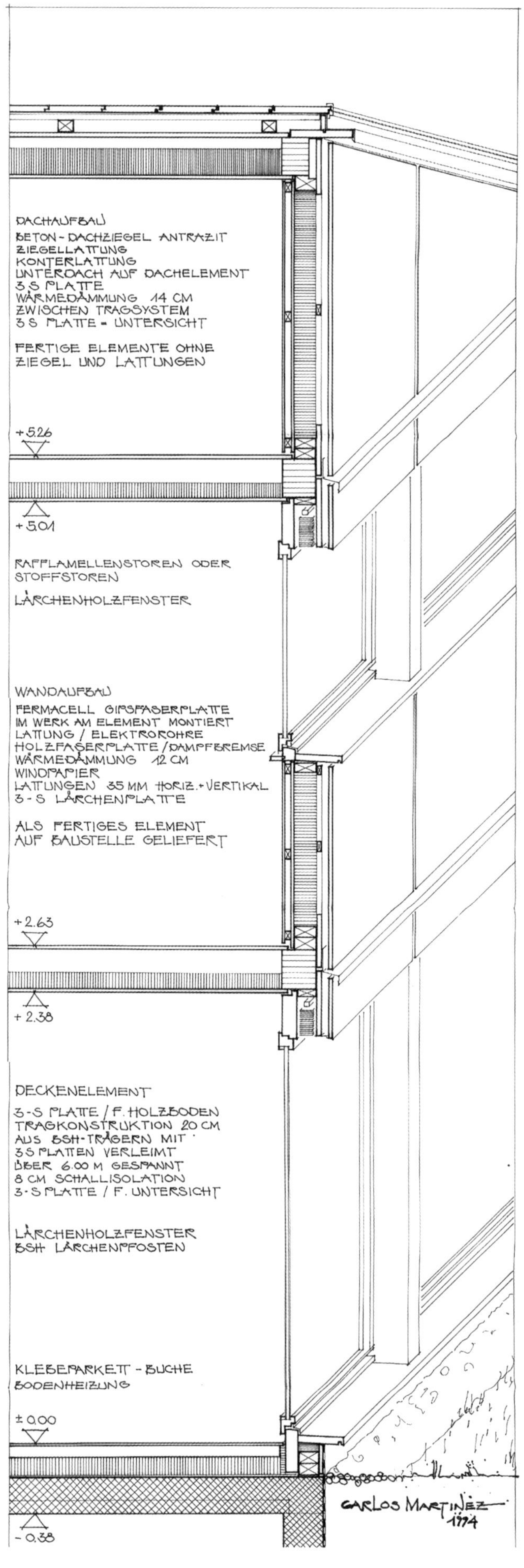
DACHAUFBAU
BETON-DACHZIEGEL ANTRAZIT
ZIEGELLATTUNG
KONTERLATTUNG
UNTERDACH AUF DACHELEMENT
3S PLATTE
WÄRMEDÄMMUNG 14 CM
ZWISCHEN TRAGSYSTEM
3S PLATTE = UNTERSICHT
FERTIGE ELEMENTE OHNE
ZIEGEL UND LATTUNGEN
+5.26
+5.01
RAFFLAMELLENSTOREN ODER
STOFFSTOREN
LÄRCHENHOLZFENSTER
WANDAUFBAU
FERMACELL GIPSFASERPLATTE
IM WERK AM ELEMENT MONTIERT
LATTUNG / ELEKTROROHRE
HOLZFASERPLATTE / DAMPFBREMSE
WÄRMEDÄMMUNG 12 CM
WINDPAPIER
LATTUNGEN 35 MM HORIZ.+VERTIKAL
3-S LÄRCHENPLATTE
ALS FERTIGES ELEMENT
AUF BAUSTELLE GELIEFERT
+2.63
+2.38
DECKENELEMENT
3-S PLATTE / F. HOLZBODEN
TRAGKONSTRUKTION 20 CM
AUS BSH-TRÄGERN MIT
3S PLATTEN VERLEIMT
ÜBER 6.00 M GESPANNT
8 CM SCHALLISOLATION
3-S PLATTE / F. UNTERSICHT
LÄRCHENHOLZFENSTER
BSH LÄRCHENPFOSTEN
KLEBEPARKETT - BUCHE
BODENHEIZUNG
±0.00
-0.38
CARLOS MARTINEZ
1994

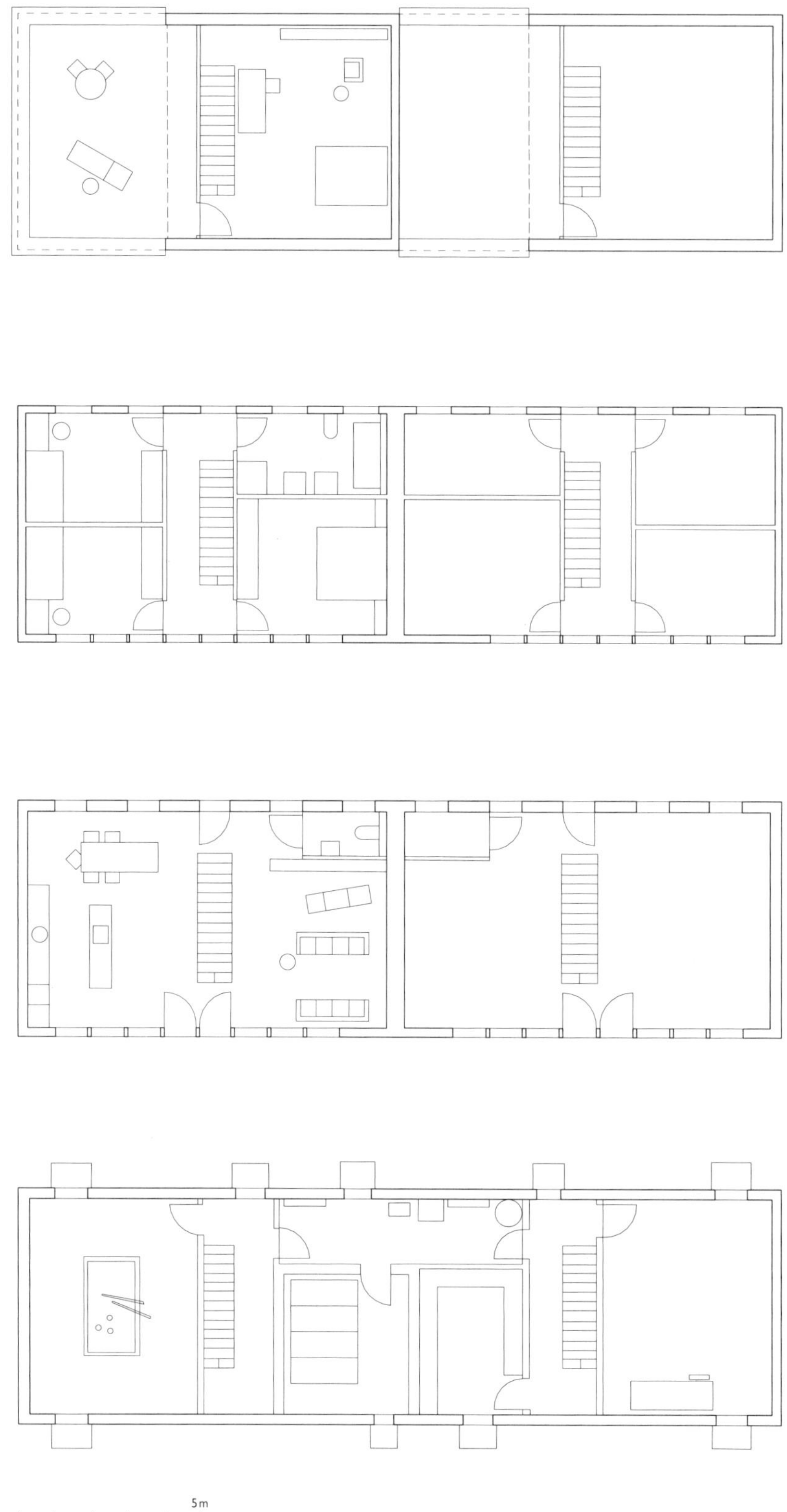
5m

## NAVE, LAS ACEÑAS, SPANIEN

### Das Schlafhaus

Vorbild und Inspiration für das Schlafhaus Nave ist der Hórreo, ein mittels Pfeilern vom Erdboden abgehobenes kleines Gebäude, das in seiner traditionellen Form in Asturien und anderen nördlichen Provinzen Spaniens als Speicherbau für Getreidefrüchte diente. Bei dem Entwurf ging es weniger darum, Bezüge zum Herkunftsland des Silos zu schaffen, sondern vielmehr um die typologische Verwandtschaft mit der Konstruktionsidee. Der Projekttitel entspricht dem spanischen Wort für Schiff.

Der ellipsoide Baukörper besteht aus einem Holzstecksystem. Es ist leicht zusammensetzbar und steht wie der Hórreo auf hohen Pfeilern, um unerwünschten tierischen Besuchern den Zugang zu erschweren. Über eine herausklappbare Treppe lässt sich der Innenraum betreten. Im hochgezogenen Zustand verschliesst die Stiege den Eingang komplett und sorgt für ausreichend Privatsphäre und ein Gefühl der Sicherheit. Diese bewusste Isolation durch Entzug des Zugangs lässt das Raumschiff buchstäblich über dem Boden schweben. Der Schwebezustand der Struktur schafft zugleich optimale Bedingungen fürs Schlafen und Träumen.

Als Skelett dient ein selbsttragendes Holzgerippe aus 60 Millimeter dicken Dreischichtplatten. Baumwollstoff, verstärkt mit einem dreilagigen Anstrich aus Acryllack, umspannt die Konstruktion und verleiht dem Schlafhaus Nave sein futuristisches Aussehen.

Im Zuge der Eröffnung des Kunsthaus Bregenz 1997 stand das Raumschiff in der Bregenzer Seeanlage. Das Kürzel Nave steht für «Net Acces Virtual Embarking», denn das Objekt diente als temporäre Präsentationsplattform mit Internet-Terminals. Nach der Finissage zerschnitten die Initianten die Stoffhaut der Konstruktion und boten sie zum Kauf an, um aus dem Erlös den Transport des Schlafhauses nach Spanien zu finanzieren. Dort ist es heute in Navia in Asturien aufgebaut.

## NAVE, LAS ACEÑAS, SPAIN

### The dorm house

**The role model for the Nave dorm house is the "Hórreo" – a small, raised building supported by pillars, which was used in its traditional form to store grain in Asturia and other northern Spanish provinces. During the design process, there was less focus on creating references to the silo's country of origin, and much more on the typological reference to the original constructive idea. The project title refers to the Spanish term for a ship.**

**The ellipsoid building consists of a system of interlocking timber. It is easy to assemble and stands, like the "Hórreo" on tall stilts, to make it more difficult for unwelcome animal visitors to access it. An extractable stair allows one to enter the interior space. When withdrawn, the steps close the entrance completely, ensuring the appropriate privacy and sense of security. This conscious insulation provided by a withdrawn entrance is reminiscent of a space ship hovering over the ground. The structure's apparently weightless condition also ensures conditions for peaceful sleep and dreams.**

**The self-supporting wooden skeleton is made of 60mm-thick triple-layer solid wood panels. Cotton material, strengthened with a triple-layer of acrylic paint, surrounds the structure and gives the dorm house Nave its futuristic appearance.**

**When the Kunsthaus Bregenz was opened in 1997, the space ship was situated by Lake Bregenz. Nave stands for "Net Access Virtual Embarking" since it served as a temporary presentation platform with Internet terminals. After the closing ceremony, the organisers cut up and offered the construction's textile skin for sale in order to pay for the dorm house's transportation to Spain. Today, it stands in Navia, Asturia.**

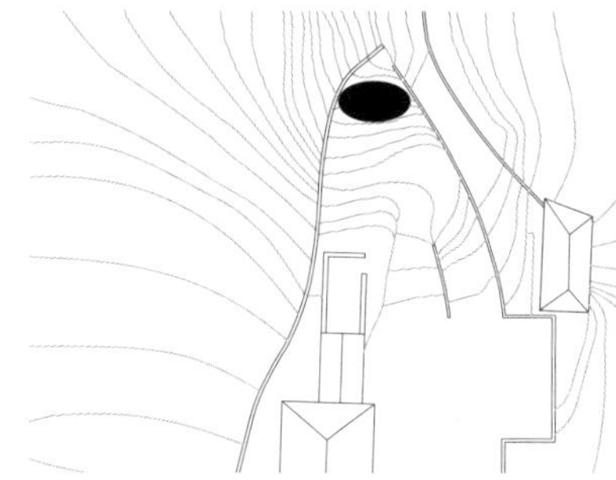

Planung und Ausführung: 1994–1997
Auftraggebende: CALC Künstlergruppe, Nordspanien
Statik: merz kley partner GmbH, Dornbirn
Holzbau: kaufmann zimmerei und tischlerei gmbh, Reuthe
Projektteam: Marco Koeppel, Carlos Martinez

**Planning and construction: 1994–1997**
**Client: CALC artist group, northern Spain**
**Statics: merz kley partner GmbH, Dornbirn**
**Wood construction: kaufmann zimmerei und tischlerei gmbh, Reuthe**
**Project team: Marco Koeppel, Carlos Martinez**

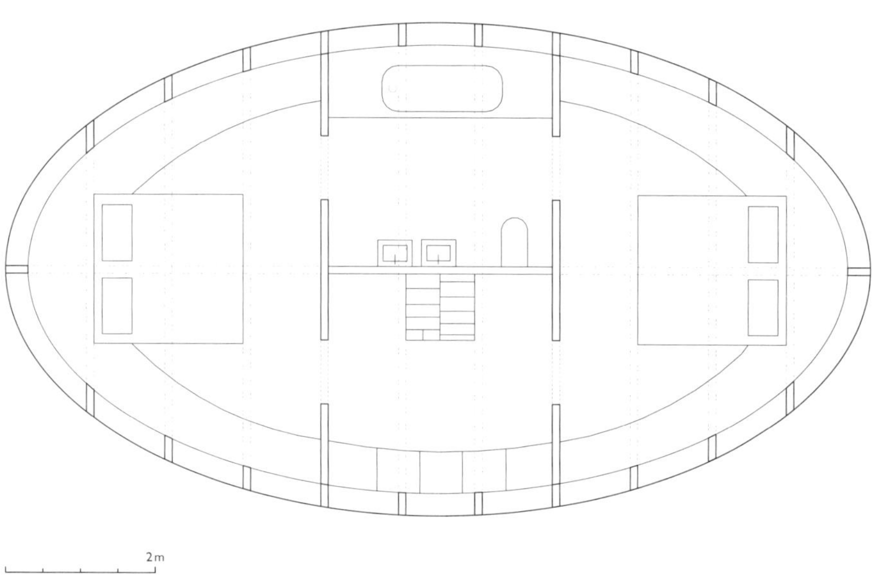

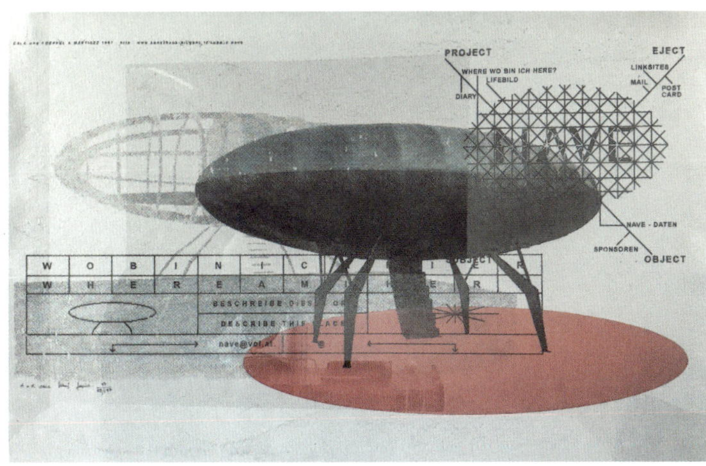
PROJECT
WHERE WO BIN ICH HERE?
LIFEBILD
DIARY
EJECT
LINKSITES
MAIL
POST CARD
NAVE
NAVE - DATEN
SPONSOREN
OBJECT
BESCHREIBE DIES
DESCRIBE THIS
nave@vol.at

KAUFMANN BAUTECHNIK

EXPO.01, BIEL, MURTEN, NEUCHÂTEL, YVERDON-LES-BAINS
Maquette

Die Initiantinnen und Initianten der sechsten Schweizer Landesausstellung 2001 im Drei-Seen-Land suchten für die Städte Biel, Murten, Neuchâtel und Yverdon-les-Bains ein architektonisches Gesamtkonzept.

Im ersten Auftrag ging es darum, detaillierte Visionen für vier geplante Ausstellungsgelände und deren Themen zu entwickeln. Daraus sollte das Projektteam die Dimension und potenzielle Umsetzung der – Arteplages genannten – Areale ableiten und einen ersten Eindruck von der Komplexität und Grösse der Expo erhalten.

Die Studie diente weitgehend einem Planspiel. Es war den Beteiligten klar, dass dieses Konzept nicht für eine Umsetzung gedacht war und es vielmehr darum ging, Grundlagen für die Architekturschaffenden der eigentlichen Realisierung zu erarbeiten. Sie erhielten so einen Leitgedanken und ausgefertigten Rahmen für Dimension und Gestaltungsmöglichkeiten. Es galt die verbalformulierten Ideen aus der Küche (Künstleratelier) von Pipilotti Rist in Architektur zu formulieren, was vorher nicht gelungen war.

Die Prämissen der Ausstellungsgelände lauteten:
Biel – Macht und Geld
Murten – Augenblick und Ewigkeit
Neuchâtel – Natur und Künstlichkeit
Yverdon-les-Bains – ich und das Universum

**EXPO.01, BIEL, MURTEN, NEUCHÂTEL, YVERDON-LES-BAINS**
**Maquette**

**The organisers of the Sixth Swiss National Exhibition in 2001, which was presented in the Three Lakes region, were seeking an overall concept for the cities of Biel, Murten, Neuchâtel and Yverdon-les-Bains.**

**The first commission was to develop detailed visions for the four planned exhibition grounds. To that end, the project team was to derive their dimension and potential implementation, as well as gaining an initial impression of the complexity and size of the Expo.**

**The study largely served planning purposes. It was clear to those involved that this concept was not intended for implementation and that it was rather a matter of working out the foundations for the architectural creation of the actual realisation. Thus they received a guiding principle and a developed framework for the dimensions and design potential. The verbally formulated ideas of the kitchen (artist studio) by Pipilotti Rist were to be translated into architecture, an undertaking that had previously failed.**

**The themes of the exhibition grounds were:**
**Biel – power and money**
**Murten – moment and eternity**
**Neuchâtel – nature and artificiality**
**Yverdon-les-Bains – the universe and I**

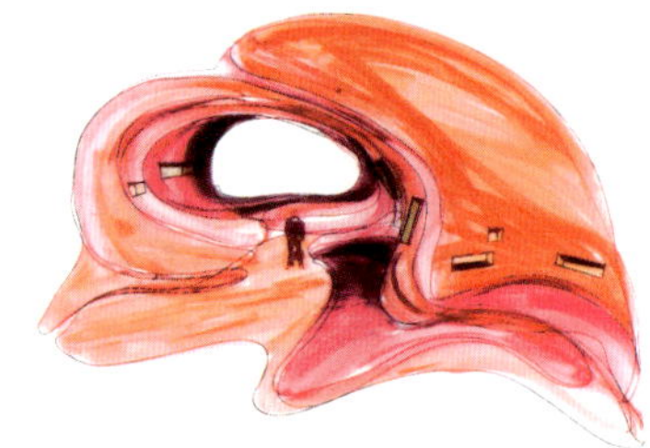

Planung: 1997
Auftraggebende:
Schweizerische Landesausstellung, technische Direktion
Gesamtprojektleitung: Carlos Martinez
Projektteam: Marco Koeppel, Markus Bastam, Junko Nihei

**Planning: 1997**
**Client: Swiss National Exposition, Technical Direction**
**Overall project management: Carlos Martinez**
**Project team: Marco Koeppel, Markus Bastam, Junko Nihei**

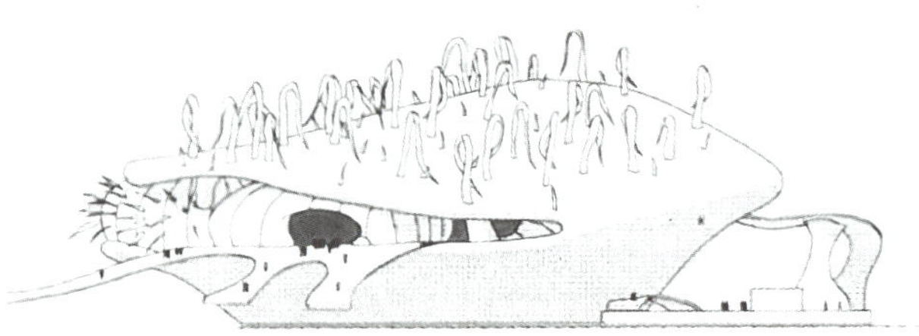

**ELEVATION SUD**

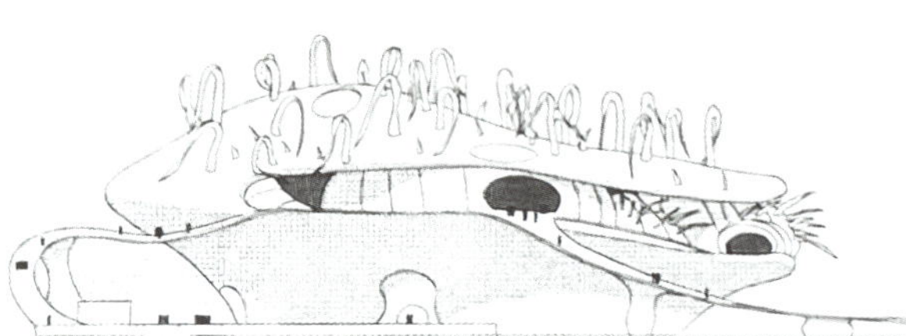

**ELEVATION NORD**

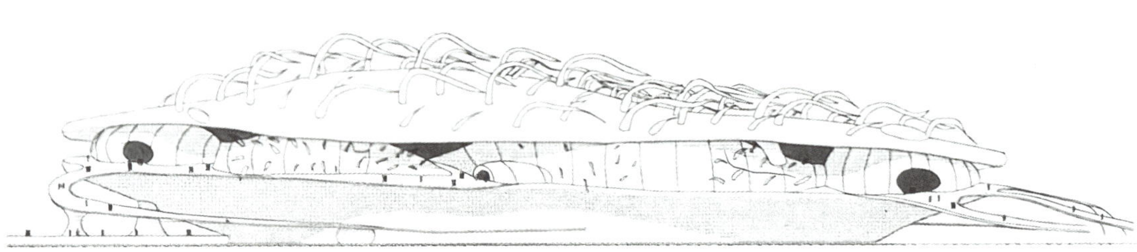

**ELEVATION OUEST**

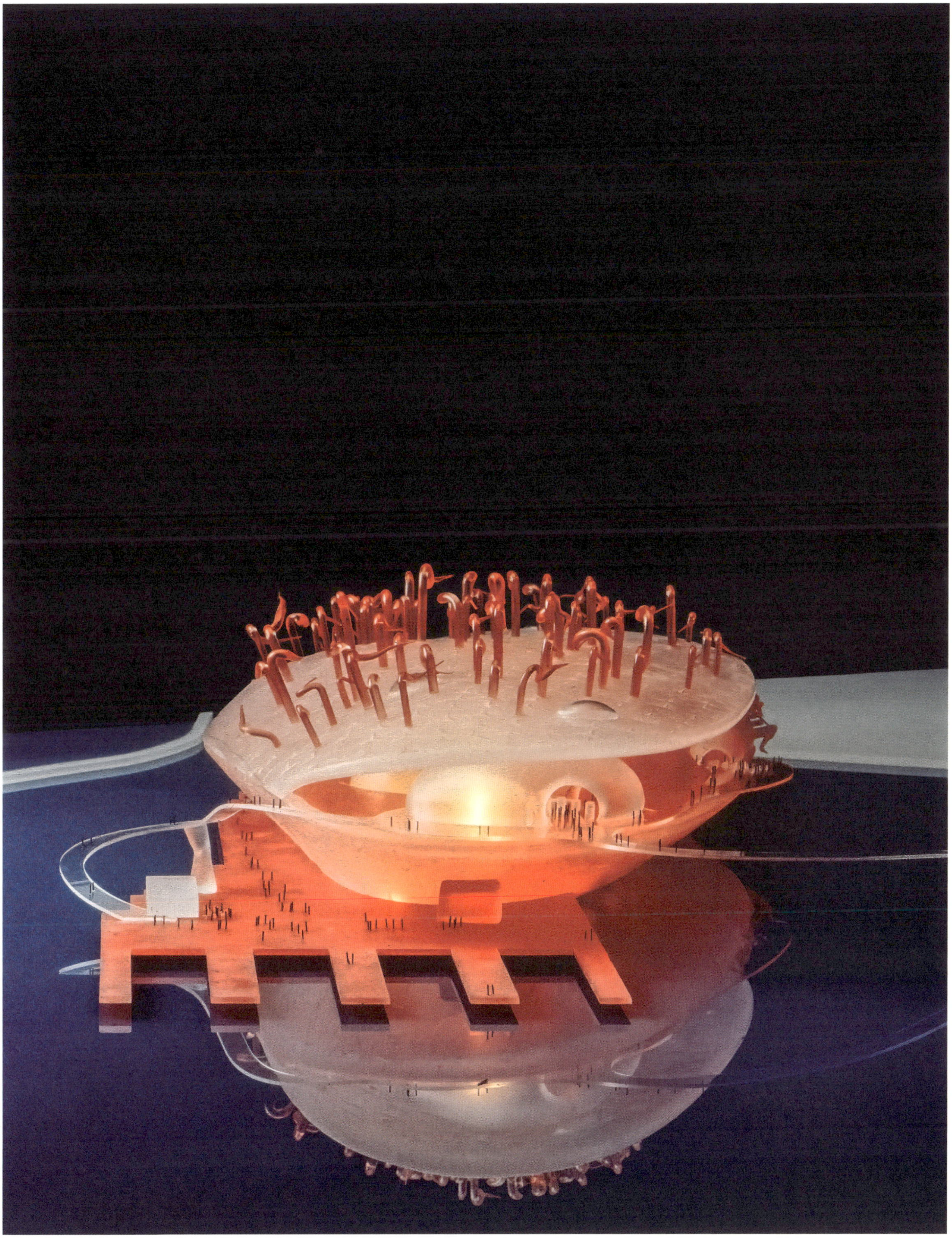

EXPO.01, MURTEN, NEUCHÂTEL, YVERDON-LES-BAINS
Szenografie

Die zweite Stufe des Auftrags umfasste ein Szenografiekonzept, das die verschiedenen Ausstellungen gestalterisch zu formalen Themengebieten vereint. Bei der Umsetzung galt es, Prototypen zu entwickeln, die sich in Material, Farbe und Form unterschiedlich darstellen, technisch funktionstüchtig sind und den vordefinierten Benutzerrichtlinien entsprechen.

Die vorrangigen Beurteilungskriterien setzten sich zusammen aus dem architektonisch-ästhetischen Anspruch, der Einhaltung des finanziellen Rahmens sowie der Strapazierfähigkeit der Baukörper. Ein Kollektiv von Kreativen aus den Bereichen Videokunst, Szenografie, Theater und Architektur hat über Monate hinweg, unter der Leitung der Architekturschaffenden, intensiv an den komplexen Themenkreisen der Arteplages gearbeitet.

Es gelang, die Struktur und dramaturgische Führung durch die Ausstellung didaktisch so auszuformulieren, dass viele Aspekte dieses Gestaltungskonzepts für die an der tatsächlichen Umsetzung der Expo.02 beteiligten Architekturschaffenden als Vorlage dienten.

Murten:
In Murten bilden unterschiedliche Betrachtungsebenen des Phänomens Zeit den Spannungsbogen zwischen Augenblick und Ewigkeit. Kantig gehalten, prägen kristalline Kubaturen das Erscheinungsbild. Das Konzept zelebriert die Schönheit des Vergänglichen.

Neuchâtel:
Der Pavillon in Neuchâtel stellt die Symbiose von Natur und Künstlichkeit in der modernen Gesellschaft dar. Antonyme Begriffspaare spannen jeweils eine thematische Achse auf und bilden entsprechende Themenbänder als Ausstellungsplattformen.

Yverdon-les-Bains:
Das Forum Yverdon verkörpert in Form und Materialisierung einen Organismus. In dessen Herz fliessen die Themenkreisläufe zusammen. Das Publikum betritt symbolisch einen Blutkreislauf.

**EXPO.01, MURTEN, NEUCHÂTEL, YVERDON-LES-BAINS**
**Scenography**

**The second stage of the commission includes a scenography concept that used a design to unite the different exhibitions in formal thematic fields. Implementation required the development of prototypes with different materials, colours and forms, while being technically functional and conforming to the predefined user guidelines.**

**The overriding assessment criteria consisted of the architectural and aesthetic standards, adhering to the budget limits and the buildings' durability. A collective of creative professionals from the fields of video art, scenography, theatre and architecture worked intensively together, supervised by the architects, over a period of months to develop the complex thematic fields of the exhibition grounds.**

**The team managed to express the structure and dramatic guidance through the exhibition in a way that allowed many aspects of the design concept to be picked up on and used by the architects working on the actual implementation of the Expo.02.**

**Murten:**
**In Murten, different perspectives on the phenomenon of time are presented, ranging from a moment to eternity. Angular, crystalline cubes characterise the appearance. The concept celebrates the beauty of the ephemeral.**

**Neuchâtel:**
**The pavilion in Neuchâtel represents the symbiosis of nature and artificiality in modern society. Antonymic pairs of terms unfurl the thematic range and form according bands of themes as exhibition platforms.**

**Yverdon-les-Bains:**
**The Forum Yverdon embodies an organism in terms of its form and materialisation. At its heart, the thematic circulation routes flow together. Members of the public enter a symbolic bloodstream.**

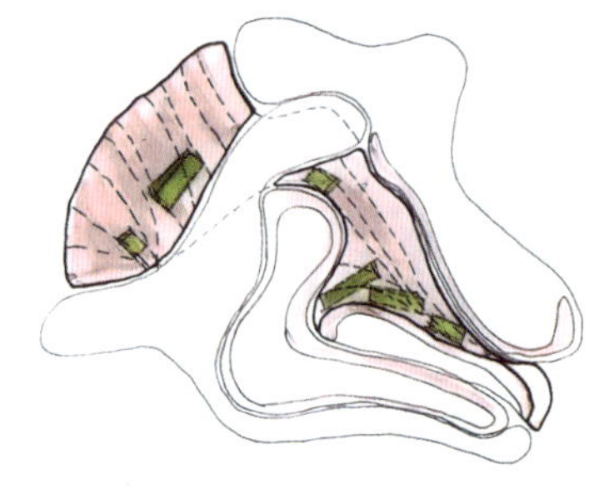

Planung: 1998
Auftraggebende:
Schweizerische Landesausstellung, künstlerische Direktion
Gesamtprojektleitung: Carlos Martinez, Marco Koeppel
Projektleitung Arteplage Murten: Tina Flieger
Projektleitung Arteplage Yverdon-les-Bains: Babsi List
Projektleitung Arteplage Neuchâtel: Marion Kalmer und Konstantin Lauber

**Planning: 1998**
**Client: Swiss National Exposition, Artistic Direction**
**Overall project management: Carlos Martinez, Marco Koeppel**
**Project management, Arteplage Murten: Tina Flieger**
**Project management, Arteplage Yverdon-les-Bains: Babsi List**
**Project management, Arteplage Neuchâtel: Marion Kalmer and Konstantin Lauber**

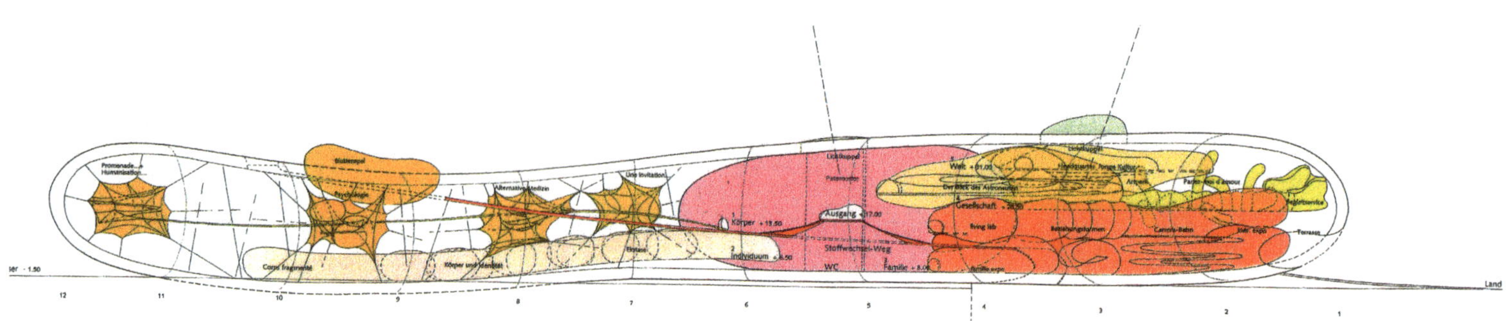

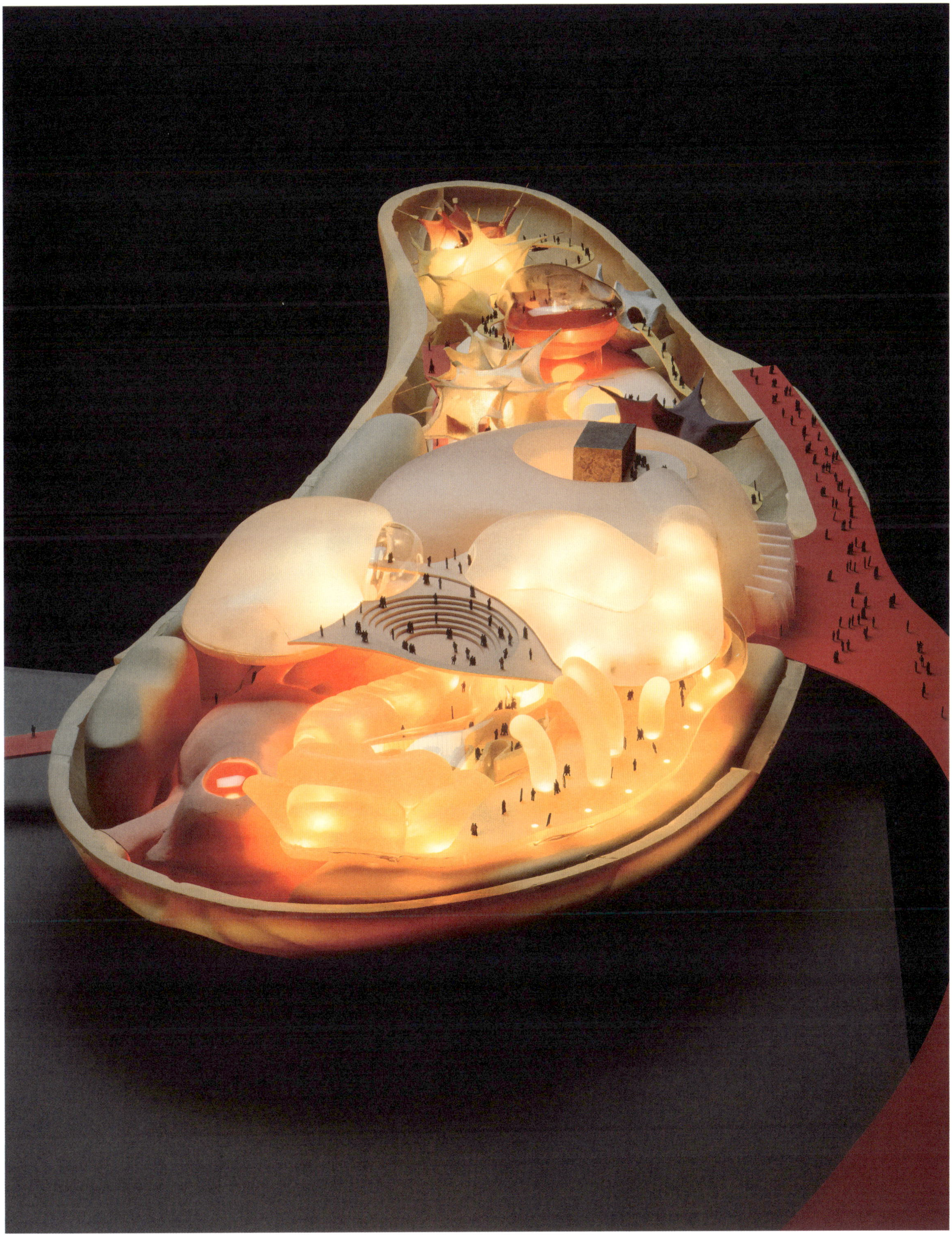

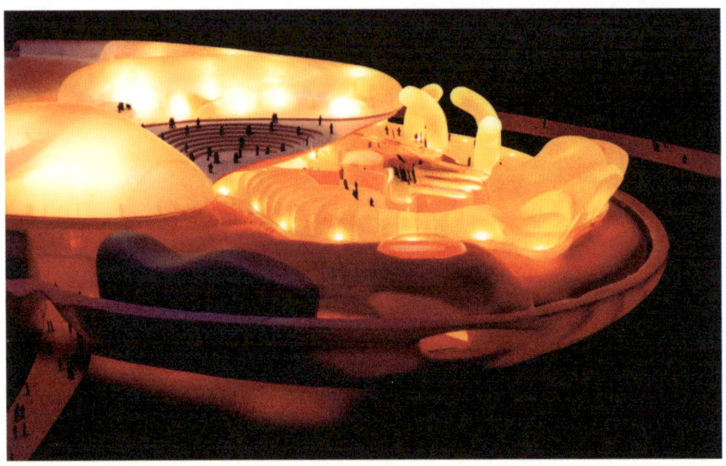

## STADTLOUNGE, ST. GALLEN
Das urbane Wohnzimmer

## URBAN LOUNGE, ST. GALLEN
**The urban living room**

Mit der Neugestaltung des Quartiers um den Hauptsitz der Raiffeisenbank wurde die Zielsetzung eingelöst, eine hochwertige Begegnungszone zu schaffen, die sich nachhaltig identitätsstiftend auf den öffentlichen Stadtraum in St. Gallen auswirkt.

Die negative Wahrnehmung des Bleicheli-Viertels als zerklüftetes Konglomerat von Restflächen und Verkehrsfunktionen gehört der Vergangenheit an. Nun lädt das urbane Wohnzimmer quartierübergreifend zum Verweilen ein. Ein bedeutender Bezirk öffnet sich wieder nach aussen, indem er die Menschen ins Innere einlädt.

Die amorphe Formgebung der Möbel mit ihrer angenehm weichen Materialhaptik enthärtet die kantige Präzision der Umgebungsbauten. Spielerisch kehrt sich das Verhältnis von Innen- und Aussenraum um. Die Aussenfassaden der Gebäude können ebenso als tapezierte Innenwände der Stadtlounge betrachtet werden.

In Anlehnung an die vielfältige Nutzung eines Wohnraums gliedert sich das Quartier in verschiedene Funktionsbereiche wie Empfang, Garderobe, Foyer und Café. Diese Bereiche gehen gleichförmig ineinander über, sodass ein anmutig fliessendes Kontinuum entsteht. Abends setzen die organisch geformten, scheinbar schwebenden Leuchtkörper die Stadtlounge sanft in Szene.

Der einheitlich rote Bodenbelag aus Kunststoffgranulat fasst wie ein Teppich alle Plätze und Resträume zu einem homogenen Ganzen zusammen. Mit seiner haptisch angenehmen Beschaffenheit bildet der Überzug eine der Grundlagen für die geradezu magnetische Wirkung der Lounge.

Dank gezielter szenografischer Interventionen agieren Verkehrsteilnehmer und -teilnehmerinnen umsichtig, was zur Entschleunigung des Durchgangsverkehrs und damit entscheidend zur Aufenthaltsqualität beiträgt.

**The new design of the area around the headquarters of the Raiffeisenbank fulfils the aim of creating a high-quality meeting zone with a lasting identity-building effect on the public urban environment of St. Gallen.**

**The negative perception of the Bleicheli quarter as a formerly disjointed conglomerate of residual areas and transport functions has changed for good. Now the urban lounge invites people from different districts to gather there. An important quarter opens up to its surroundings by inviting people inside.**

**The amorphous forms of the furniture, with its soft, agreeable material feel, soften the hard precision of the constructed environment. The relationship between the interior and exterior spaces is thereby inverted, since the exterior building façades can equally be grasped as the urban lounge's papered interior walls.**

**In a reference to the diverse uses of a lounge, the quarter is structured into areas dedicated to one main function, such as reception, cloakroom, foyer and café. These areas merge into each other to create a serene, fluent continuum. In the evening, the organically formed, apparently hovering lighting gently sets the urban lounge's scene.**

**The uniform red flooring made of plastic granulate brings together all squares and remaining spaces like a carpet to form a homogeneous unity. The ground's pleasant feel forms the basis of the lounge's magnetic effect.**

**Targeted scenographic interventions inspire circumspect reactions by people as they drive through the neighbourhood, slowing down the through traffic and thereby representing a further decisive aspect of the area's quality of stay.**

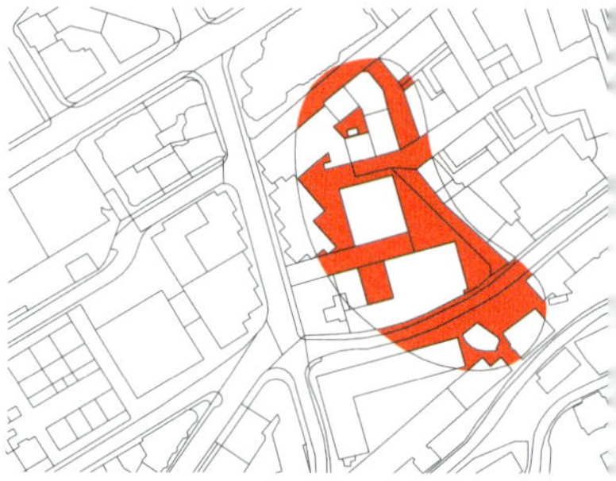

Planung und Ausführung: 2004–2005
In Zusammenarbeit mit: Pipilotti Rist
Auftraggebende: Raiffeisen Schweiz, Stadt St. Gallen
Projektteam: Carlos Martinez, Roland Schneider, Konstantin Lauber

**Planning and construction: 2004–2005**
**In collaboration with: Pipilotti Rist**
**Client: Raiffeisen Schweiz, City of St. Gallen**
**Project team: Carlos Martinez, Roland Schneider, Konstantin Lauber**

RAIFFEISEN

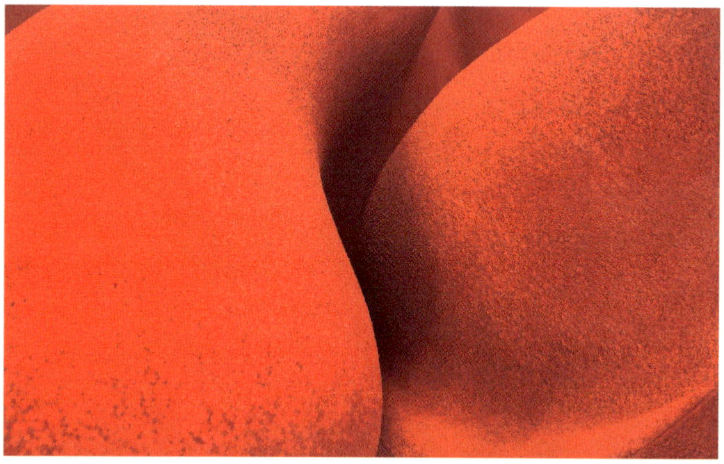

RAIFFEISEN

## KURHAUS OBERWAID, ST. GALLEN
Körper, Geist und Seele

## KURHAUS OBERWAID, ST. GALLEN
**Body, mind and soul**

Nicht zufällig erinnert die Form des Gebäudes an das Taukreuz von Franz von Assisi. Im Gedenken an die Schwestern, die das historische Kurhaus bis 2008 führten, ist der Neubau gestalterisch ein Verweis auf ihre geistliche Lebensweise. An diesem Ort des Heilens steht der Mensch ganzheitlich im Mittelpunkt. Die drei Ausläufer des Taus symbolisieren Körper, Geist und Seele. Dies findet in den drei Armen des Baukörpers seinen architektonischen Ausdruck und bestimmt deren Nutzung.

Die dynamische Form des Baukörpers greift die Trias symbolisch auf und entspricht ihr funktionell wie atmosphärisch. Das Gebäude entwickelt sich mit einem zweigeschossigen Sockel, einer öffentlichen «Fuge» darüber und drei Gästezimmergeschossen in die Höhe. Die Mitte des Kurhauses bildet ein lichtdurchflutetes Atrium.

Die Grossform des neuen Kurhauses Oberwaid entwickelte sich aus dem Bedürfnis nach viel Tageslicht. Vom obersten Teil des Parks bis zur Strassenebene fällt die Parzelle um 21 Höhenmeter. Geschickt in diese anspruchsvolle Topografie gesetzt, empfängt das Taukreuz auf der Eingangsseite die Besucherschaft mit offenen Armen. Damit die Gäste direkt vor die Lobby fahren und beim Betreten des Kurhauses den einladenden Park wahrnehmen können, führt eine Auffahrt von der Strasse zum Gebäudeeingang.

Das Kurhaus definiert mit seinem seitlichen Gegenbogen zum Baumbestand die opulente Parkanlage im Südwesten und bildet im Südosten einen introvertierten engeren Aussenbereich, den Hochstammbäume von der Hauptstrasse abgrenzen.

**It is no coincidence that the volume resembles the cross of Francis of Assisi, since it recalls the nuns who managed the historical spa facility until 2008. Thus the new building is a reference to their spiritual way of life. The focus of this place of healing lies on a holistic grasp of human beings: body, mind and soul. This is expressed architecturally in the three wings of the building and determines their use.**

**The building's dynamic form picks up on the symbolic triad and reflects it both functionally and atmospherically. The building develops out of a two-storey base, a public "joint" above them and three upper levels for hotel rooms. A light-filled atrium forms the centre of the Kurhaus.**

**The large form of the new Kurhaus was developed out of the need for plenty of natural light. From the top part of the park to the street level, the plot's elevation loss is 21 metres. Cleverly integrated into the demanding topography, the cross of St Francis receives visitors with open arms on its entrance side. A drive leads from the street to the main entrance to allow guests to drive directly up to the lobby and also perceive the inviting park as they enter the building.**

**With its lateral counter-arch facing the tree population, the Kurhaus defines the opulent park grounds in the southwest, while forming an introverted, more secluded exterior space in the southeast, which is shielded from the street by tall trees.**

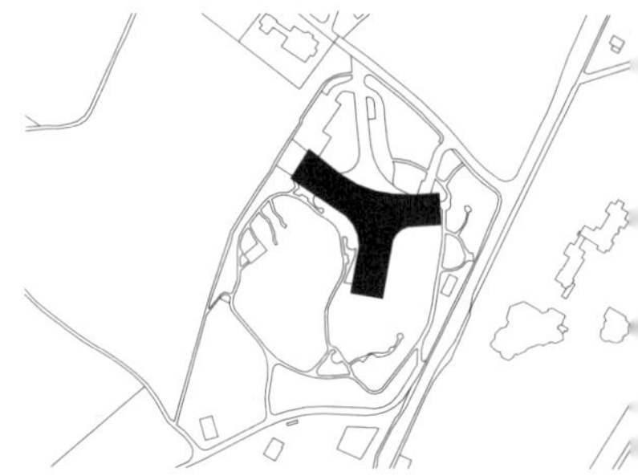

Planung und Ausführung: 2007–2012
Auftraggebende: Oberwaid AG, Heinrich und Gabi Thorbecke, St. Gallen
Landschaftsarchitektur:
IPL Isterling + Partner Landschaftsarchitekten BDLA, Hamburg
Projektleitung: Raffaele Falivena
Projektteam: Michael Weber, Julian Abad, Marion Belz

**Planning and construction: 2007–2012**
**Client: Oberwaid AG, Heinrich and Gabi Thorbecke, St. Gallen**
**Landscape architecture:**
**IPL Isterling + Partner Landschaftsarchitekten BDLA, Hamburg**
**Project management: Raffaele Falivena**
**Project team: Michael Weber, Julian Abad, Marion Belz**

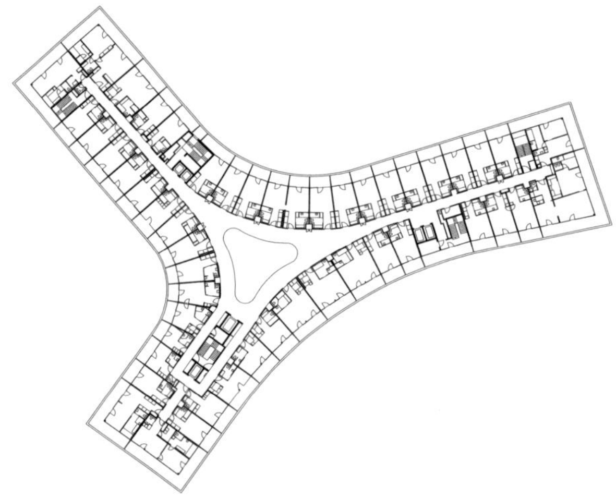

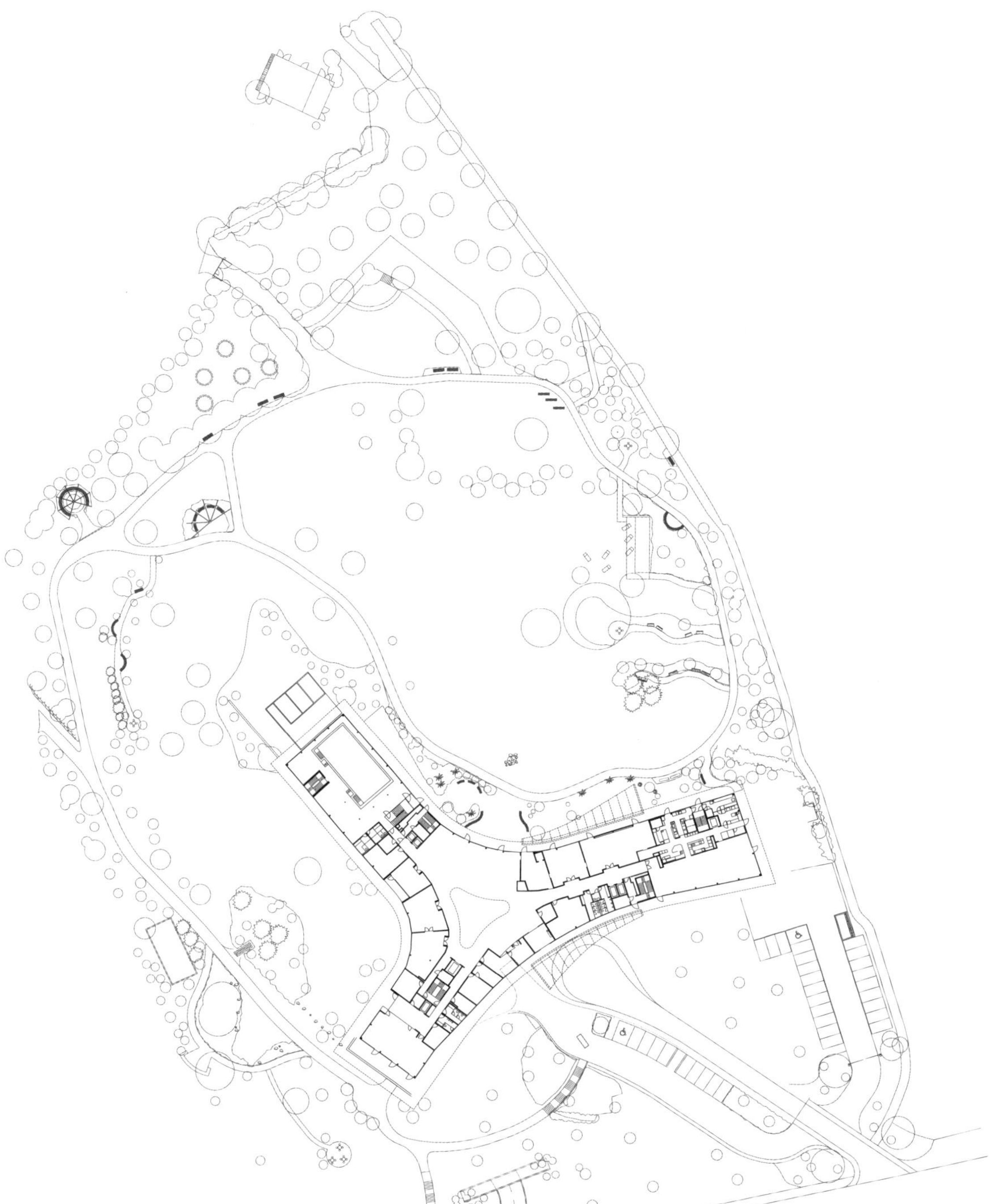
40 m

← PARKING
RECEPTION →

GENERATOR, BERNECK
Arbeiten und Wohnen

**GENERATOR, BERNECK**
**Working and living**

Das Gebäude für den Architekten Carlos Martinez vereint Atelier und Familienwohnung unter einem Dach. Es stellt eine Maschine dar, die Lebensqualität während der Arbeit und in der Freizeit generiert. Das Thema Work-Life-Balance spiegelt sich im Raumkonzept wider. Privatleben und Beruf sind vernetzt und getrennt zugleich.

Das Haus besteht aus mehreren übereinandergestapelten Kubaturen, die verschiedene Funktionseinheiten beherbergen. Diese Einheiten unterscheiden sich in ihrer formalen Ausgestaltung und den jeweils verwendeten Baustoffen.

Der massive Betonsockel bildet das Grundelement des Generators. Dort befindet sich das Architekturatelier. Darüber bildet ein in Glas ausgeführtes Zwischengeschoss die Schnittstelle zwischen Arbeitsbereich und Privatwohnung. Hier dient die Bibliothek als Rückzugsort für die Entwurfsarbeit.

Das Wohngeschoss liegt eine weitere Ebene höher. Es besteht aus einer vorfabrizierten Holzbox, die mit einer schwarzen Gummihaut verkleidet ist. Der Architekt, gleichzeitig Auftraggeber, wählte ein sinnliches Material, das als Oberfläche visuell besticht und mit einer begehbaren weichen Dachoberfläche überrascht. Die dafür geeignete Kautschuk-Abdichtung ist mit Klemmhaltern fixiert und lässt die Fassade wie ein nobles Chesterfield-Sofa erscheinen. Durch diese Umsetzung wirkt der Wohnbereich umso mehr als Refugium im gesamten Gebäude.

Der gläserne Kubus krönt das Haus. Ausgewählte Präsentationen und kreative Diskurse finden hier abseits des Tagesgeschehens statt. Der Raum unterstützt zudem den Energiehaushalt des Gebäudes und dient der Wärmerückgewinnung für die Komfortlüftung.

**The building for the architect Carlos Martinez combines a studio with a family apartment under a single roof. It represents a machine that generates quality of life both while working and during one's free time. The theme of work-life balance is reflected in the spatial concept: private life and work are networked and at the same time separate.**

**The building consists of several stacked cubes accommodating various functional units, which differ in terms of their formal design and the materials used.**

**The massive concrete base forms the underlying element of the generator. It houses the architecture studio. Above it, an interim level clad in glass forms the interface between the working area and the private apartment. The library serves as a place to withdraw to for design work.**

**The living floor is situated one level higher. It consists of a prefabricated wooden box that is clad in a black rubber envelope. The architect, who was also the client, chose a material that appeals to the senses with its visually striking surface and surprisingly walkable, soft, tactile roof surface. The appropriate rubber sealant is fixed using clamp mountings, giving the façade a noble Chesterfield-sofa appearance. This finish makes the living area all the more a place of withdrawal throughout the building.**

**The glass cube crowns the house. Selected presentations and creative discourse events are held there, away from everyday life. The space also supports the building's heat management and serves to regain heat for the air conditioning system.**

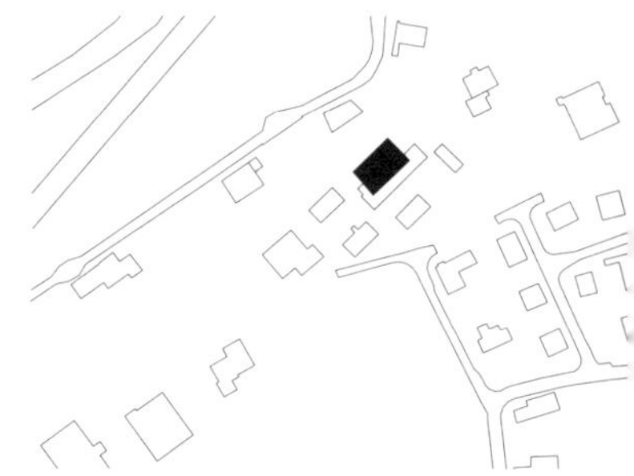

Planung und Ausführung: 2006–2010
Auftraggebende: Familie Martinez
Projektleitung: Roland Schneider
Projektteam: Diego Rosafio, Julian Abad

**Planning and construction: 2006–2010**
**Client: Martinez Family**
**Project management: Roland Schneider**
**Project team: Diego Rosafio, Julian Abad**

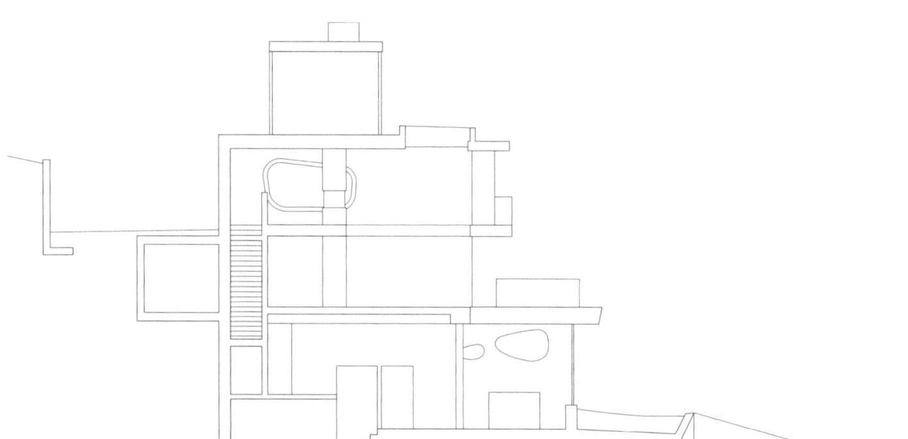

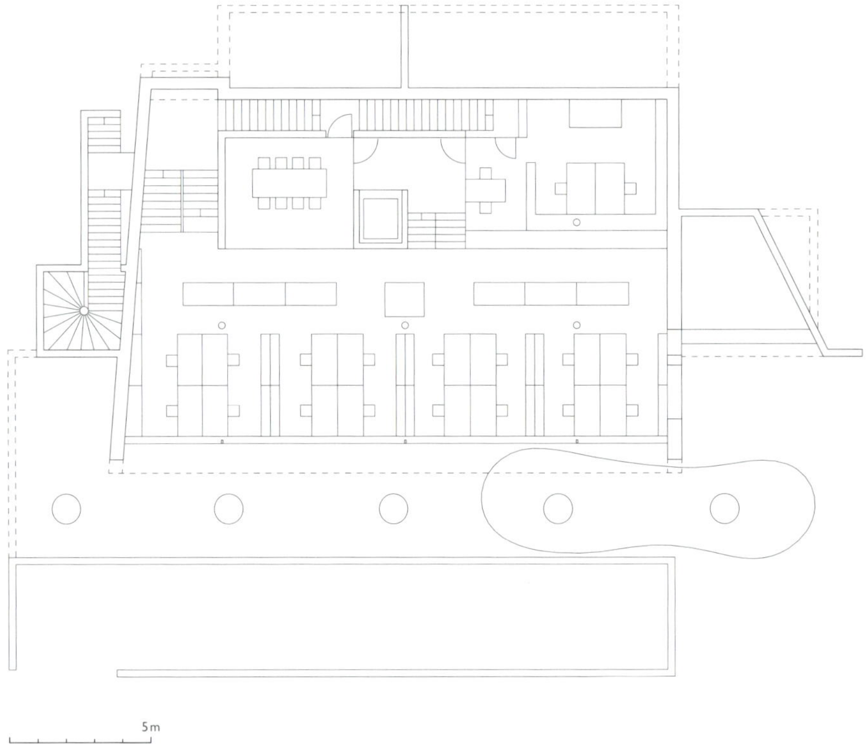
5m

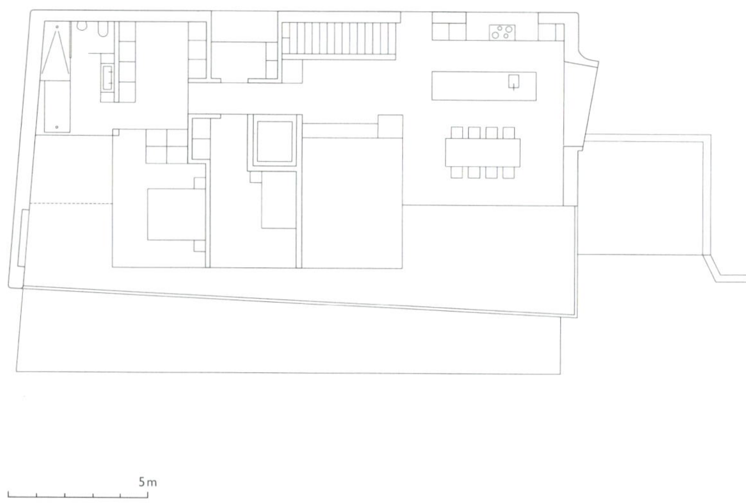
5m

## SCHÜTZENWIESE, KRIESSERN
Die flexible Raummaschine

Markant liegt der Büro- und Industriepark Schützenwiese wie ein Flaggschiff direkt an der Autobahneinfahrt. Der zentrale, über die gesamte Breite ragende Büroturm fügt die seitlichen Produktionsflügel einheitlich in den dynamischen Baukörper ein. Rampen gleichen die topografischen Unterschiede aus. Sie erschliessen mehrere vollwertig nutzbare Niveaus.

Im Norden docken zwei hohe Produktionsgeschosse an den Büroturm an. Der südliche Sektor mit Geschäften ist eingeschossig, teilweise mit Zwischenebenen gestaltet. Die Halle im Zentrum des Büroturms bildet das repräsentative Entrée für die ansässigen Firmen. Um der Nutzerschaft Optionen für künftiges Wachstum und Umstrukturierungen zu gewährleisten, sind die stützenlosen Stockwerkebenen im Verwaltungsbau funktional offengehalten. Dadurch wirkt die Struktur wie eine flexible Raummaschine.

Im Inneren herrscht die Atmosphäre eines edlen Bürohauskomplexes. Das Produktionsgeschoss liegt ebenerdig im Gebäuderumpf und wirkt aufgrund der dunklen Verglasung unauffällig. Darüber integriert der Büroturm mit seiner einheitlichen Metallfassade das Produktionsobergeschoss in die Formsilhouette. Ausgewogen verteilen sich Fenster mit betont dunklen Rahmen über die Fassaden. Hochwertige Sandwichpaneele bringen durch ihr lichtempfindliches Farbverhalten eine zusätzliche Dimension in die Oberflächengestaltung.

Grundwasser heizt und kühlt das Areal. Nachhaltige Planung und Gestaltung sowie die Qualität des gewählten Baumaterials erfüllen auch zukünftige Nutzungsbedürfnisse und stellen einen energie- und umweltbewussten Umgang mit Ressourcen sicher.

## SCHÜTZENWIESE, KRIESSERN
**Flexible spatial machine**

**The Schützenwiese office and industry park is prominently situated like a flagship directly at the motorway access. The central office tower, which stretches across the property's entire width, harmoniously integrates the lateral production wings into the dynamic building. Ramps compensate for the undulations in the terrain, providing access to several fully usable levels.**

**In the north, two high production floors are docked onto the office tower. The single-storey southern sector with shops includes partial mezzanines. The hall at the centre of the office tower forms the official entrance for resident companies. In order to guarantee the user community the potential for future growth and conversions, the column-free storeys are kept functionally open in the administrative building. Thus the structure resembles a flexible spatial machine.**

**Inside, the atmosphere of an elegant office complex dominates. The production level is on the ground floor at the rear of the building, its appearance unobtrusive due to its dark glazing. Above it, the office tower with its uniform metal façade integrates the upper production level into its formal silhouette. Windows with notable dark frames structure the façades. High-quality sandwich panels add another dimension to the surface design with their light-sensitive colour behaviour.**

**The area is heated and cooled by ground water. Sustainable planning and design, as well as high-quality choices of materials also fulfil future use requirements and ensure an energy- and environment-friendly use of resources.**

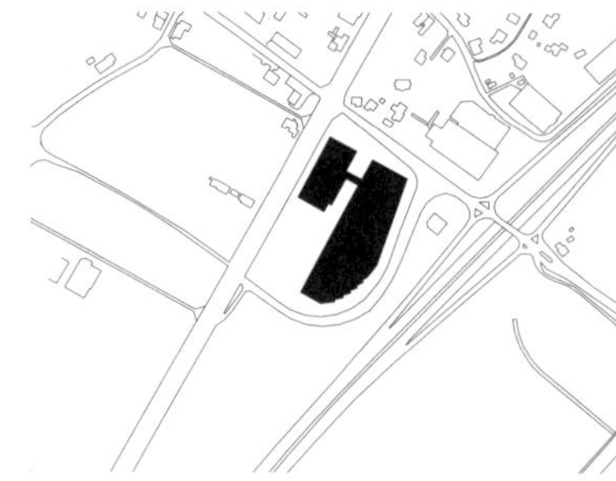

Wettbewerb 2011, 1. Preis
Planung und Ausführung: 2010–2015
Auftraggebende: Schützenwiese Kriessern AG, Roland Dietsche, Franz Lässer und Reto Eicher, Kriessern
Projektleitung: Diego Rosafio
Projektteam: Marion Belz, David Gschwend, Carmen Hernández-Arcas, Pascal Graber, Ramon Indermaur, Hongyan Kong-Näff, Benjamin Mäder, Michael Weber, José Yerga

**Competition: 2011, 1st Prize**
**Planning and construction: 2010–2015**
**Client: Schützenwiese Kriessern AG, Roland Dietsche, Franz Lässer and Reto Eicher, Kriessern**
**Project management: Diego Rosafio**
**Project team: Marion Belz, David Gschwend, Carmen Hernández-Arcas, Pascal Graber, Ramon Indermaur, Hongyan Kong-Näff, Benjamin Mäder, Michael Weber, José Yerga**

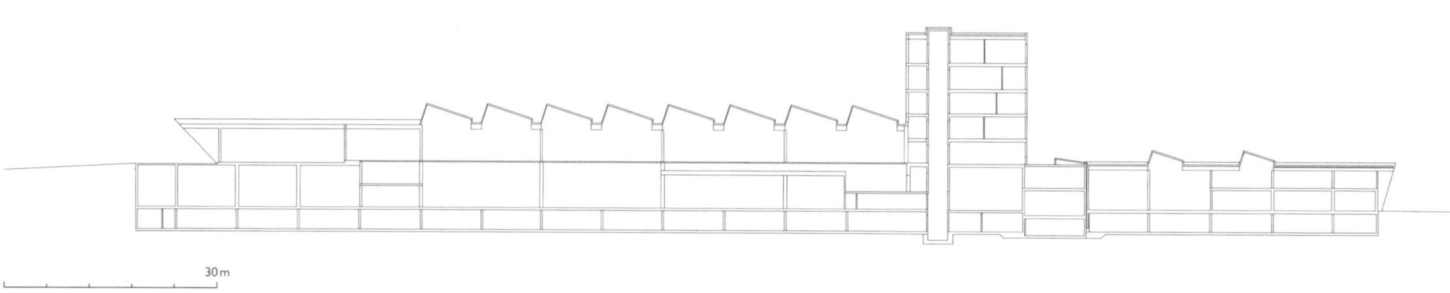

SFS unimarket

schützenwiese
Kriessern AG
wiese

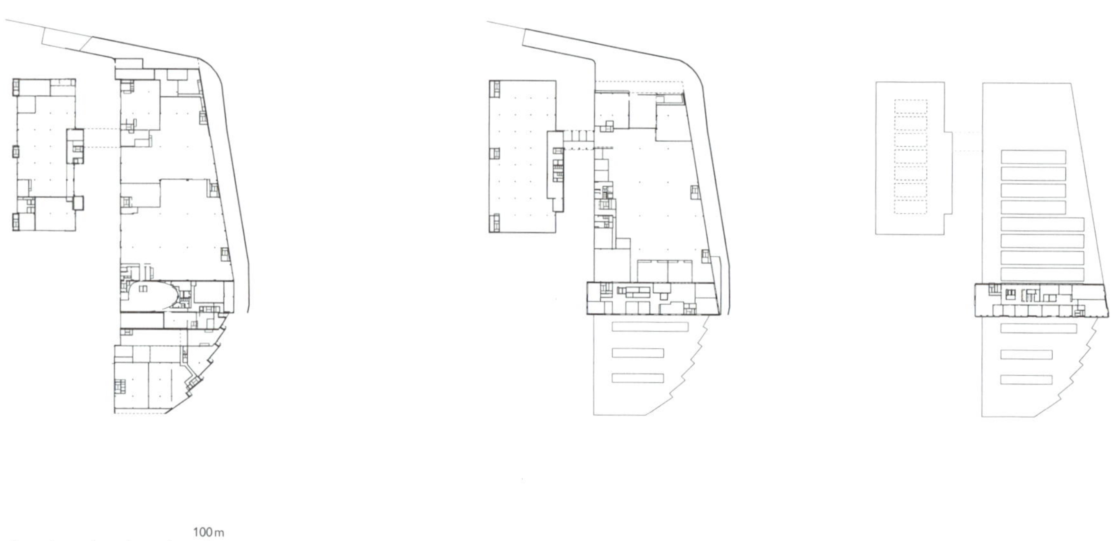
100 m

8

## SECLI WEINWELT, BUCHS
Weinkultur surplus

Im Norden von Buchs liegt zwischen Gewerbegürtel und Wohnquartier die Secli Weinwelt. Der Wohn- und Geschäftskomplex setzt sich aus 15 Quadern zusammen. Sie wirken wie gestapelte Weinkisten und erstrecken sich über jeweils zwei Etagen. Das mit Terrakotta umhüllte Bauwerk weckt Assoziationen zur Weinwelt und übersetzt die Bedürfnisse der Auftraggeber in Form und Material.

Konzept und Realisierung gehen weit über die ursprünglichen Ansprüche der Auftraggebenden hinaus, Büro und Lager zur Minimierung des logistischen Reibungsverlusts zusammenzulegen. Die Architekten entwickelten eine hybride Bauart mit einer Verbindung von Funktionen, die inhaltlich und städtebaulich den Anforderungen der Wohn-, Arbeits- und Genusswelt entspricht.

«Die Kathedrale des Weins» bildet mit dem Grossflaschenlager das Herzstück der Anlage. In diesem allseitig umschlossenen Forum erfahren die Besucherinnen und Besucher das Volumen über die beeindruckende Raumhöhe. Im ersten Obergeschoss liegen die transparent und hell gehaltenen Büros. Ein ins Lager eingeschobener gläserner Besprechungsraum gewährt wechselseitige Einblicke: in die Welt der Weine und in den mit ihr verbundenen, von wahrer Passion getragenen Arbeitsalltag.

Wie die Flaschenböden im Inneren eines Weinkartons verteilen sich runde Glasscheiben in zwei Grössen über die Wand, die Foyer und Büro vom kavernenartigen zweigeschossigen Hochregallager trennt. Dort befinden sich die beleuchteten Präsentationsnischen – sortiert nach Provenienz der Weine. Im südlichen Bereich des Gebäudes liegen sechs grosszügige Wohnungen.

## **SECLI WEINWELT, BUCHS**
**Viticultural surplus**

**In the north of Buchs, the Secli Weinwelt is situated between the industrial belt and a residential neighbourhood. The housing and commercial complex consists of 15 cubes. They resemble stacked wine crates and extend over two floors each. The terracotta-clad building consciously evokes associations with the world of wine and translates the client's requirements into form and material.**

**The concept and implementation far surpass the original demands of the client to combine an office and a warehouse, thereby minimising the logistical friction losses. The architects developed a hybrid building method with connected functions that, in terms of content and urban planning, conform to the requirements of housing, work and leisure.**

**"The cathedral of wine", with its store of large bottles, forms the heart of the facility. In this completely surrounded forum, visitors experience the volume via its impressive ceiling height. The transparent, light offices are situated on the first floor. A glass meeting room inserted into the storage space provides mutual visibility: into the world of wine and into the connecting area of everyday work, which is carried out with such passion.**

**Like separating elements inside wine crates, round glass panes in two sizes are distributed on the foyer and office wall, partitioning them from the cavern-like two-storey high-bay storage. There one finds illuminated presentation niches sorted according to the wine's provenance. Six spacious apartments are situated in the southern section of the building.**

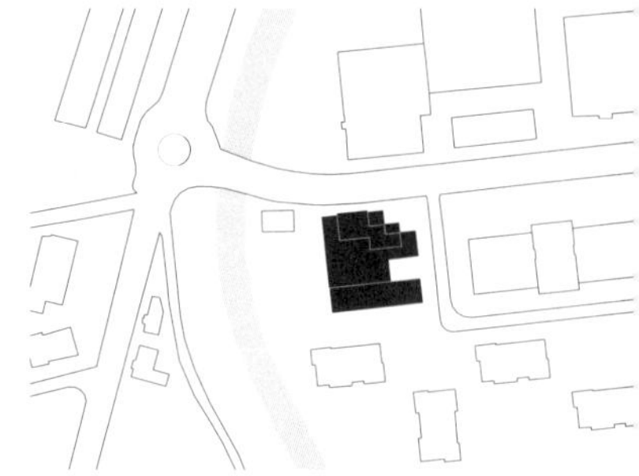

Planung und Ausführung: 2012–2014
Auftraggebende: Secli Weinwelt AG, Buchs
Projektteam: Alexandra Tobler, Nevzad Hamzić, José Yerga, Julian Abad, Diego Rosafio

**Planning and construction: 2012–2014**
**Client: Secli Weinwelt AG, Buchs**
**Project team: Alexandra Tobler, Nevzad Hamzić, José Yerga, Julian Abad, Diego Rosafio**

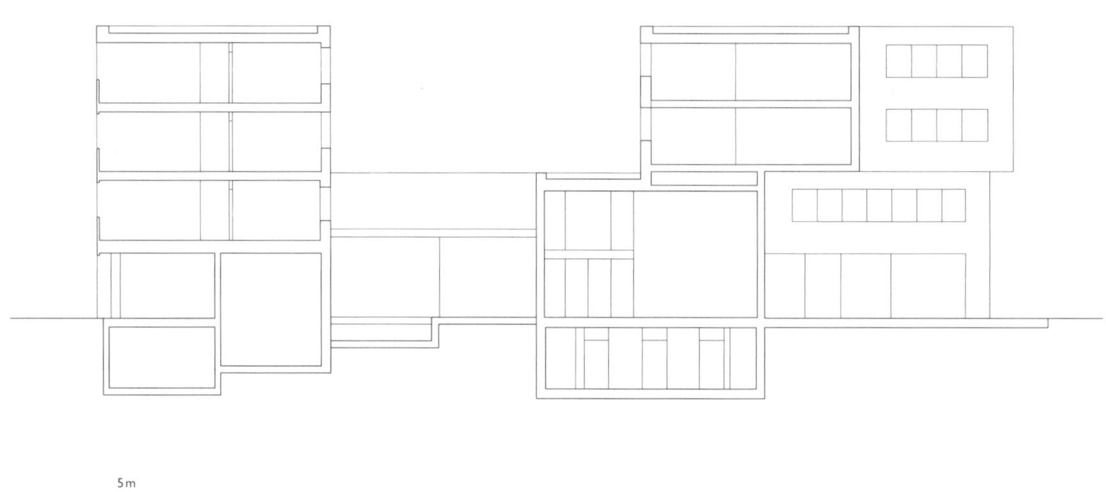

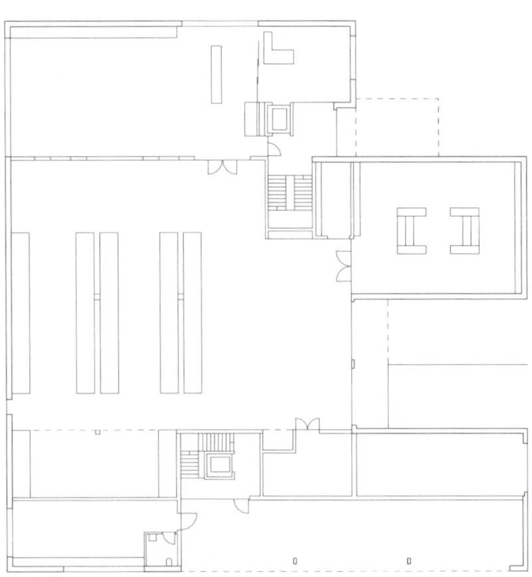

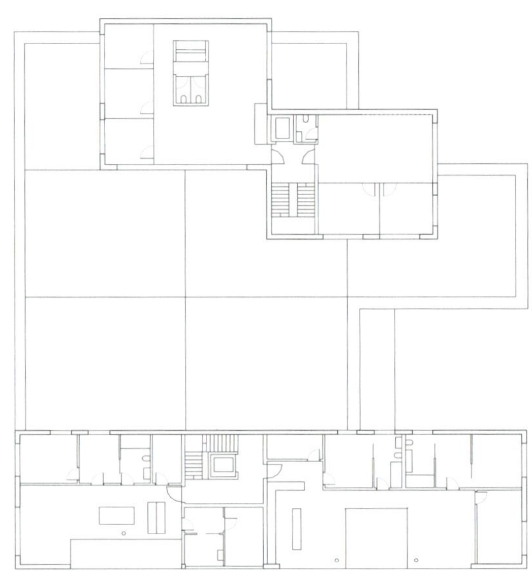

20m

CHAMBOLLE-MUSIGNY
225
226
227
229
230

## AUGENKLINIK BELLAVISTA, SPEICHER
Klarheit

## BELLAVISTA EYE CLINIC, SPEICHER
**Clarity**

Am Hang des geschichtsträchtigen Ortes Vögelinsegg in Speicher befindet sich die Augenklinik Bellavista. Wie ein Fels ist das Volumen in den Böschungsverlauf eingebettet. Das Gebäude ragt an der Geländekante empor und öffnet sich im Norden in Richtung Bodensee. Trotz der beachtlichen Grösse nimmt es sich dank seiner dunklen Farbgebung bewusst zurück. Es folgt mit drei Knicken der Topografie des Gefälles.

Der schwarz pigmentierte gestockte Sichtbeton der Gebäudehülle verstärkt den felsenartigen Charakter der Anlage, variiert jedoch farblich je nach Lichteinfall. Das horizontal verlaufende Fensterband durchbricht mittig das massive Erscheinungsbild des Bauwerks. In dieser Ausdehnung befindet sich der Klinikbereich. Die Verglasung sorgt für eine rhythmische Strukturierung der Fassade und verleiht dem Gebäude Leichtigkeit und ein klares Erscheinungsbild.

Hangseitig gelangt man im Erdgeschoss durch den gedeckten Haupteingang in den lichtdurchfluteten Empfangsraum. Um diesen gruppieren sich links und rechts die Behandlungsräume sowie zwei Operationssäle. Eine Ebene tiefer befinden sich die Patientenzimmer. Alle Räume sind nach Norden hin orientiert und bieten attraktive Ausblicke, ohne Einblicke zu gewähren. Durch die raumhohe Verglasung wird die Umgebung visuell ins Innere geholt. Natürliches Licht flutet die Räume. Elektronisch abdunkelbare Gläser ermöglichen gerade empfindlichen Augen Schutz vor intensiver Sonneneinstrahlung.

Über der Klinik liegen, etwas zurückversetzt im Dachgeschoss, vier Penthouse-Wohnungen. Auch hier setzt die klare Architektursprache auf eine reduzierte Materialpalette sowie starke Bezüge zwischen Innen und Aussen.

**Situated on the slope of the historical Vögelinsegg in Speicher, Bellavista Eye Clinic presents itself as a rock-like volume embedded in the embankment. It rises up from the ridge and opens up in the north towards Lake Constance. Despite its considerable size, its dark colour is intentionally reserved, with three kinks following the line of the terrain.**

**The black stained, tamped, exposed concrete of the building envelope highlights the facility's stone-like character, although its colour varies depending on the light incidence. The solid nature of the building is dematerialised at its central section by means of a horizontal window band. The clinic area is housed in that section. The glazing provides a rhythmic structuring of the façade and lends the building lightness and a clear appearance.**

**Visitors arrive through the covered main entrance on the slope-side ground floor, stepping into the light-filled reception area. Around these, groups of treatment rooms are arranged to the left and right, as well as two operating theatres. The patient rooms are situated one level lower. All rooms are orientated towards the north and offer picturesque views, without invading privacy. The room-high glazing brings the outside world into the interior. All the rooms are filled with natural light. Electrically dimmable glass can be adjusted to provide shading from intense sunlight – making the rooms more agreeable to sensitive eyes.**

**Four penthouse apartments are situated above the clinic on a slightly recessed attic level. They also express a clear architectural language, articulated by a reduced material palette and strong relationships between interior and exterior environments.**

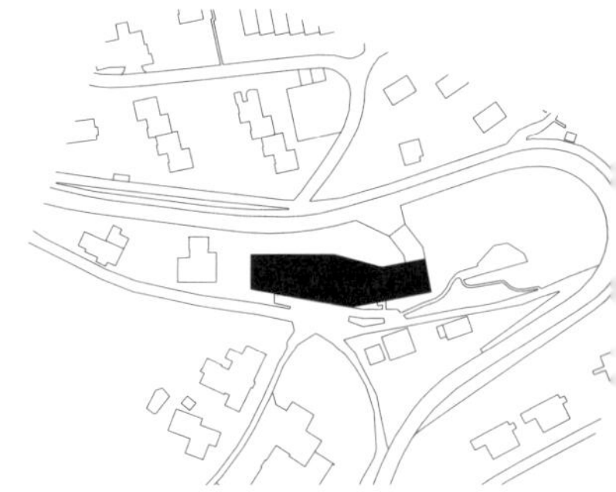

Planung und Ausführung: 2013–2016
Auftraggebende: Klinik Bellavista AG, Dr. Stiegler, Speicher
Landschaftsarchitektur: PR Landschaftsarchitektur GmbH, Arbon
Projektleitung: Alexandra Tobler
Projektteam: Michael Weber, Ramon Indermaur, Silvano Ursella

**Planning and construction: 2013–2016**
**Client: Klinik Bellavista AG, Dr. Stiegler, Speicher**
**Landscape architecture: PR Landschaftsarchitektur GmbH, Arbon**
**Project management: Alexandra Tobler**
**Project team: Michael Weber, Ramon Indermaur, Silvano Ursella**

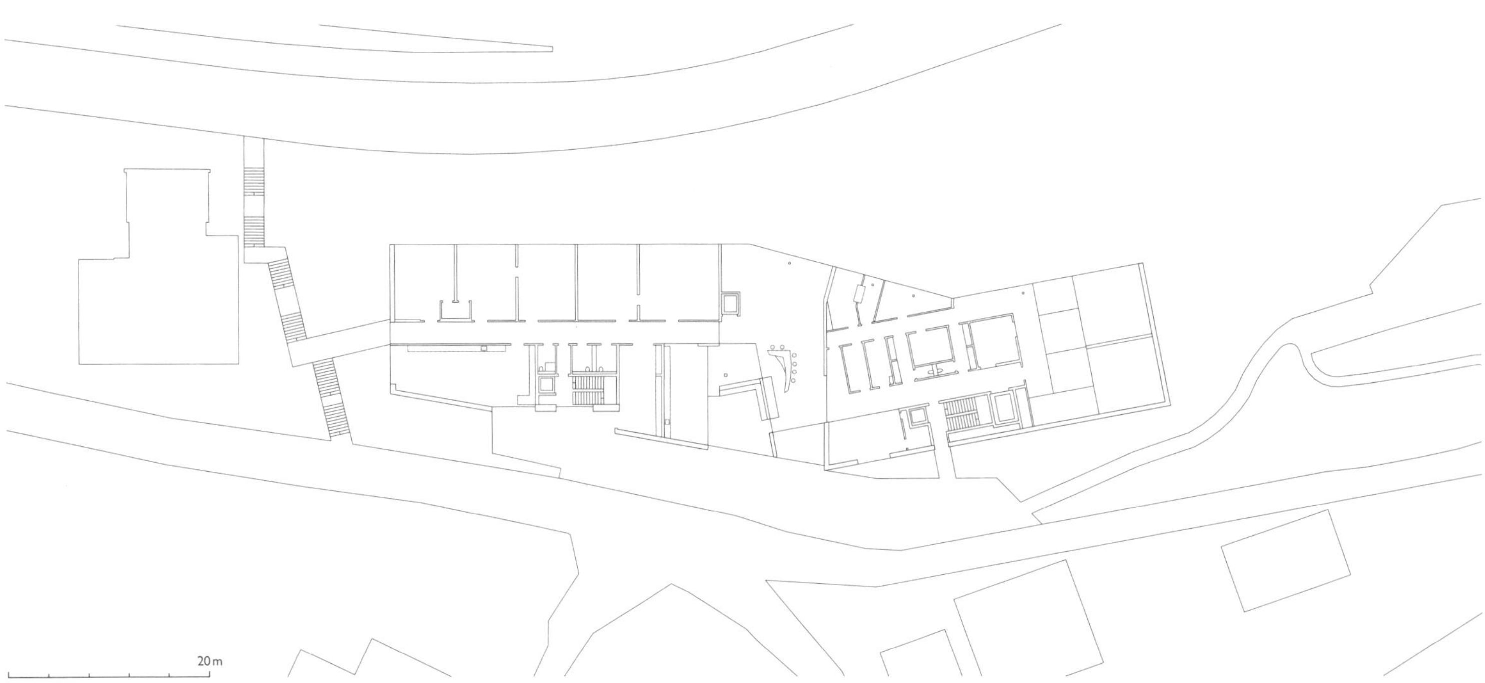

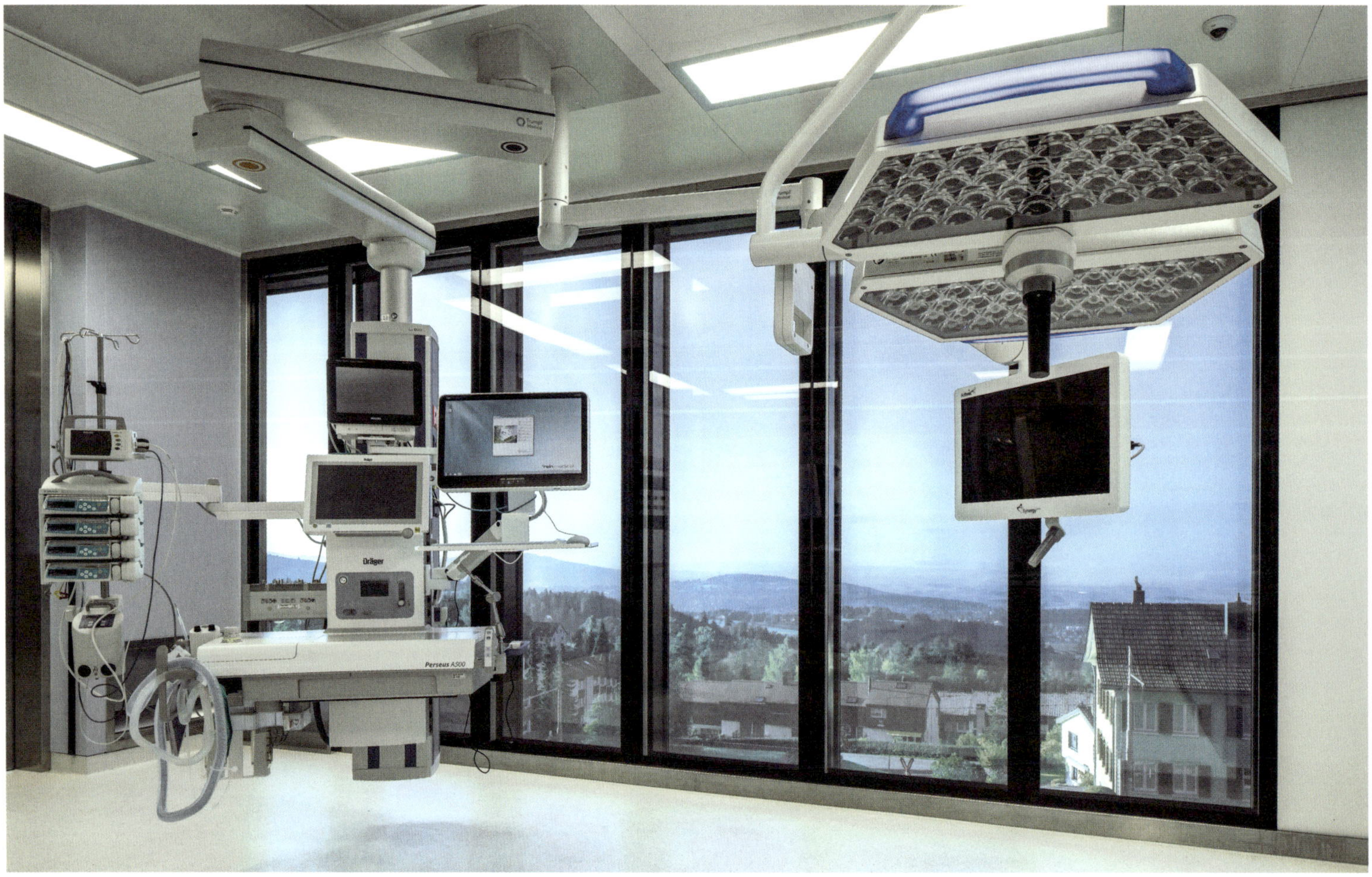
Dräger
Perseus A500

STREULI-AREAL, UZNACH
Masterplan für den Stadtkern

**STREULI AREAL, UZNACH**
**Masterplan for the urban centre**

Das Streuli-Areal ist eines der letzten innerstädtischen Entwicklungsgebiete in Uznach. Westlich der Altstadt und nördlich des Bahnhofs gelegen, birgt das Quartier aufgrund seiner Lage, seiner Erschliessung und einer Fläche von 3 Hektar Potenzial zur Stärkung des Zentrums.

Durch die Verlegung des Produktionsstandortes des Pharmaunternehmens Streuli und den etappenweisen Rückbau der bestehenden Grossstrukturen entsteht Raum für eine attraktive Erweiterung des Stadtkerns. Der Masterplan für die Umsetzung beruht auf Studien zum Spannungsfeld zwischen den historischen Strukturen, laufenden Planungen und bereits realisierten Projekten. Das Areal bedarf einer Bündelung von Funktionen für Wohn- und Gewerberäume. Dabei ist eine kleinteilige Strukturierung mit kurzen Wegen wesentlich.

Herzstück des Konzepts ist die ausgedehnte Freifläche. Die konsequent am Parzellenrand positionierten Bauvolumen fassen diesen Aussenraum wie einen Hof ein. Vier gezielt gesetzte Einschnitte unterbrechen die peripheren Strukturen und ermöglichen den Zugang zum Park aus allen Richtungen. Dieses Überbauungskonzept verleiht dem Areal einen neuen Charakter, bewahrt aber zugleich vorhandene Merkmale des Geländes.

Für das Streuli-Areal kennzeichnend und für die Stadt besonders wertvoll sind die altehrwürdige Linde sowie das historische Gelbe Haus. Gemeinsam mit dem Vorplatz bilden beide Elemente das Tor zum Park und verleihen dem öffentlichen Raum Aufenthaltsqualität.

Bei der Bebauung steht Diversität im Vordergrund. Die Baukörper sollen weder monoton wirken noch eine Grossform ausbilden. Ihre Erscheinung wird durch unterschiedliche Höhenstaffelungen, Gebäudetiefen und verschiedene Fassaden gebrochen und aufgelockert.

**The Streuli Areal is one of the last inner-urban development areas in Uznach. Situated west of the old town and north of the station, the quarter has the potential to expand and strengthen the centre, due to its location, good connections and a size of almost three hectares.**

**Moving the production site of the Streuli pharmaceutical company and gradually dismantling the former large-scale structures creates space for an attractive expansion of the urban centre. The master plan for implementation is based on studies on the field of tension between the historically developed structures, current planning and already implemented projects. The neighbourhood must pool the functions of housing and commerce, while providing small-scale structures that offer short routes.**

**The core of the concept is formed by the large, open space. The consistent positioning of the buildings on the plot perimeter frames the exterior space to create a courtyard. Four targeted incisions interrupt the peripheral structures and allow people to enter the park from all directions. The planned development not only gives the area a new character, but also preserves its already existent qualities.**

**The venerable linden tree is a hallmark of the Streuli Areal and the town, as well as the historical Gelbes Haus. Together with the forecourt, the two elements create a gateway into the park and lend the public space a quality of stay.**

**The development focuses on diversity. The buildings should neither have a monotonous effect, nor be a large-scale form. Their appearance is broken and loosened up by varying staggered heights, building depths and façades.**

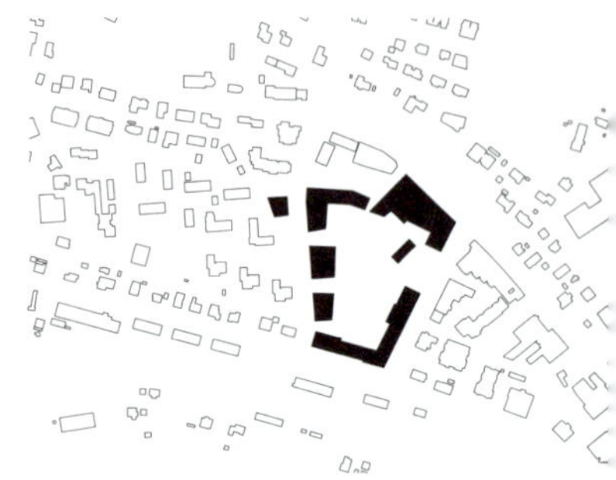

Studienauftrag: 2017
Auftraggebende: Streuli Immobilien AG, Uznach
Landschaftsarchitektur: Uniola AG, Guido Hager, Zürich
Projektteam: David Gschwend, Lukas Brachmann, Hana Pleskačová, Catherine Sark

**Contracted study: 2017**
**Client: Streuli Immobilien AG, Uznach**
**Landscape architecture: Uniola AG, Guido Hager, Zurich**
**Project team: David Gschwend, Lukas Brachmann, Hana Pleskačová, Catherine Sark**

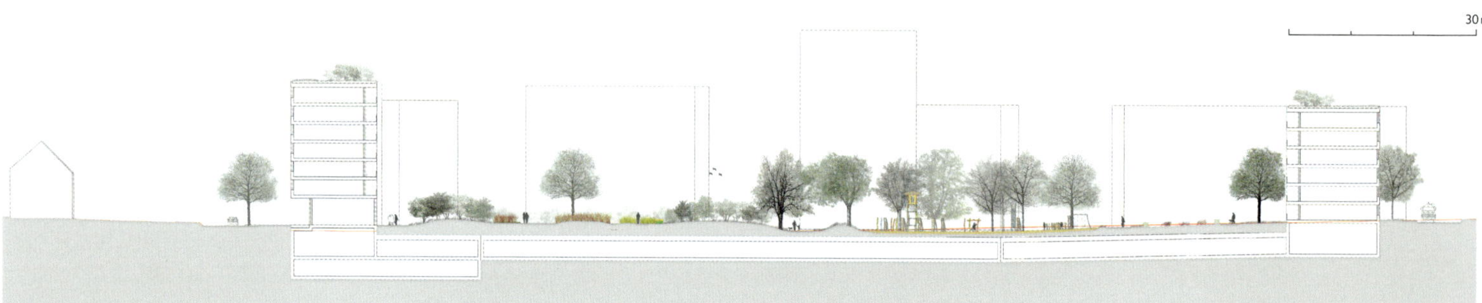

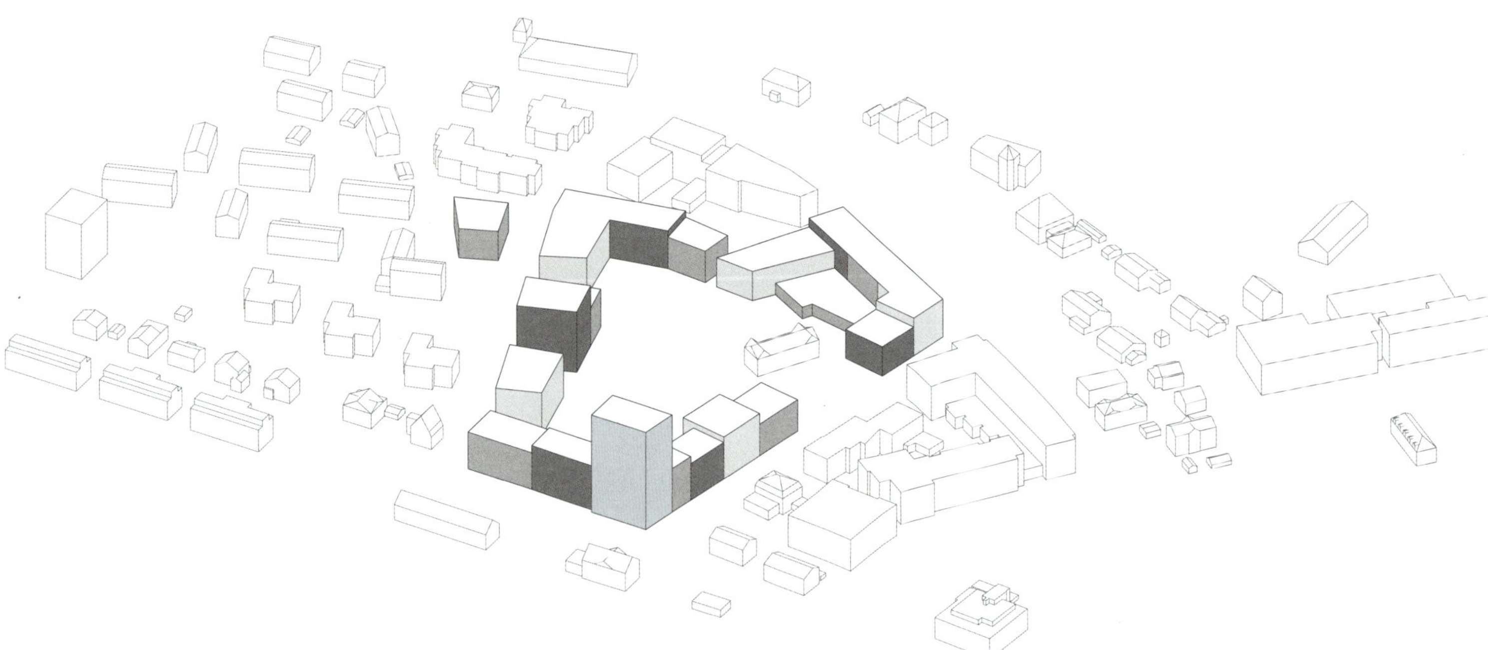

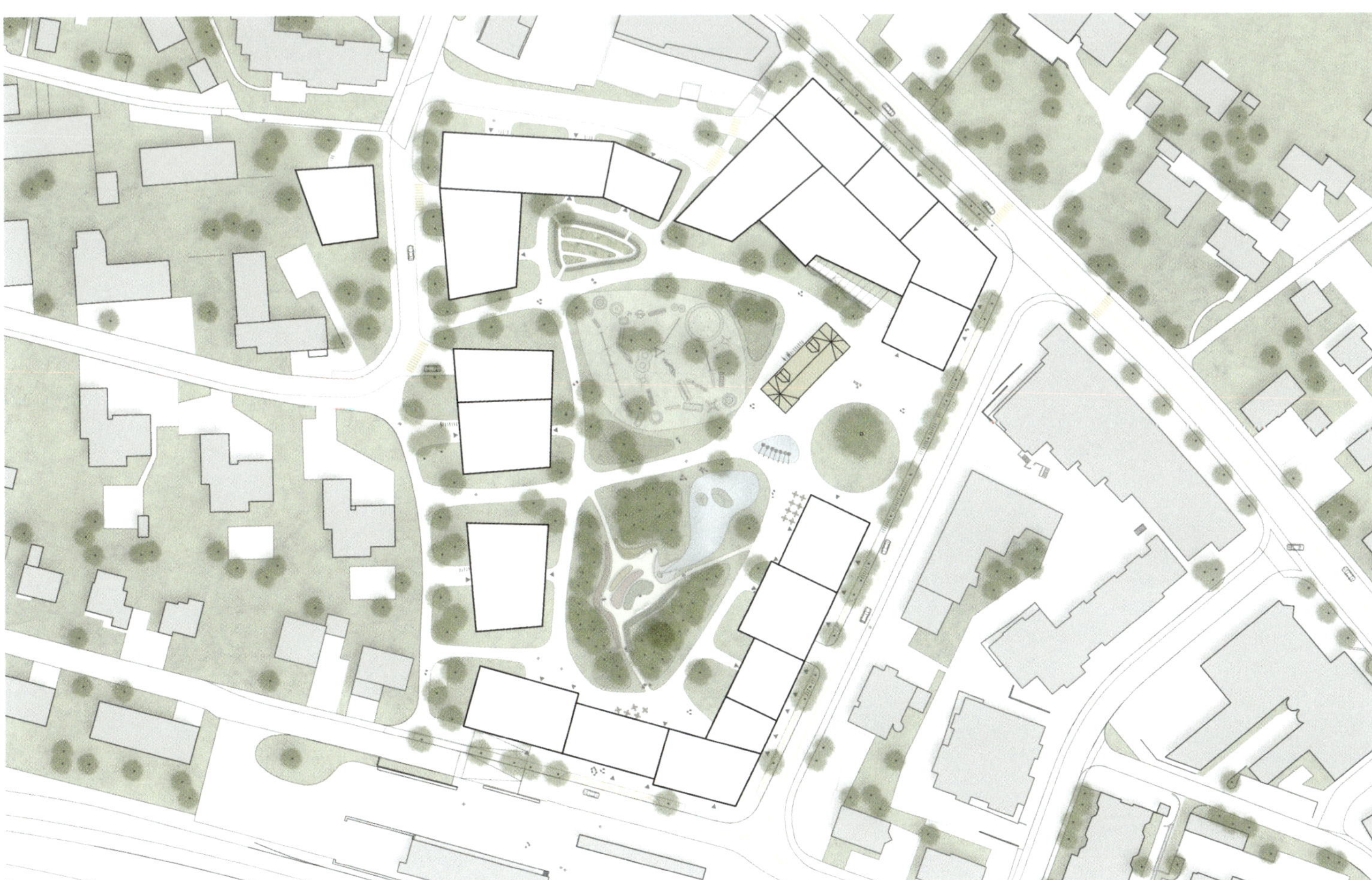

## HOTEL REVIER, LENZERHEIDE
Luxus in der Einfachheit

## HOTEL REVIER, LENZERHEIDE
**Luxury in simplicity**

Im Hotel Revier umgibt aparte Schlichtheit die Gäste. Die Unterkünfte entfachen das Freiheitsgefühl eines Campers, die urige Stimmung einer Berghütte und die Funktionalität einer Schiffskoje. Dabei bestimmen die ortsspezifischen Gegebenheiten die konzeptionelle Reduziertheit des Baus.

Das gestreckte, schmale Gebäude steht an der steilen Geländekante mit dem ausgedehnten Bergwald im Rücken. Es folgt mit zwei sanften Knicken bogenartig der Uferlinie des Heidsees. Einladend wendet sich der Kopfteil, in dem Lobby, Bar und Restaurant untergebracht sind, zur Talstation der Bergbahn. Weitere vier Stockwerke mit insgesamt 96 Zimmern liegen auf dem massiven Erdgeschoss-Sockel, in dem sich grosszügig angelegt auch Wintersport- und Bike-Raum befinden.

Sämtliche Zimmer sind nach Westen zum See hin orientiert. Sie vermitteln das Abenteuergefühl des klassischen Roadtrips mit dem VW-Bus – als würde man direkt am See parken und die Heckklappe öffnen. Dafür sorgen ein grosses Bett von Wand zu Wand und ein raumhohes Panoramafenster mit Lüftungsflügel.

Die Zimmer sind als komplett vorgefertigte Module in Brettsperrholz ausgeführt. Dabei besticht das reine Konstruktionsholz ohne Aufdopplung als Tragwerk, Raumtrennung und Oberfläche zugleich. Durch das Aneinanderreihen der Zimmer ergibt sich eine Zweischaligkeit, die nicht zuletzt für besseren Schallschutz sorgt. Die Badezimmer sind als Boxen in die Räume integriert.

**Guests at the Hotel Revier are surrounded by graceful simplicity. The accommodation celebrates the freedom of a camper, the rustic atmosphere of an Alpine cabin and the functionality of a ship's berth. The locally specific conditions define the conceptually reduced nature of the building.**

**The elongated, narrow building stands on a steep ridge with an extensive mountain forest behind it. The volume kinks twice to follow the line of the Heidsee. The head end with the hotel's lobby, bar and restaurant faces the valley station of the mountain cable car. A further four storeys with a total of 96 rooms are supported by the concrete ground-floor base, which includes a spacious area for winter-sport equipment and bicycles.**

**All rooms face west towards the lake. They symbolise the adventure of a classic road-trip with a VW bus – as if one were parking directly by the lake and opening the tailgate. The atmosphere is created by a wall-to-wall bed and the room-high panorama window with ventilation wings.**

**The rooms are completely prefabricated modules made of cross-laminated timber. This single-ply construction wood simultaneously impresses as the load-bearing structure, room partition and interior surfaces. The rows of rooms create a double-layered structure that ensures better sound insulation. The bathrooms are integrated into the rooms as boxes.**

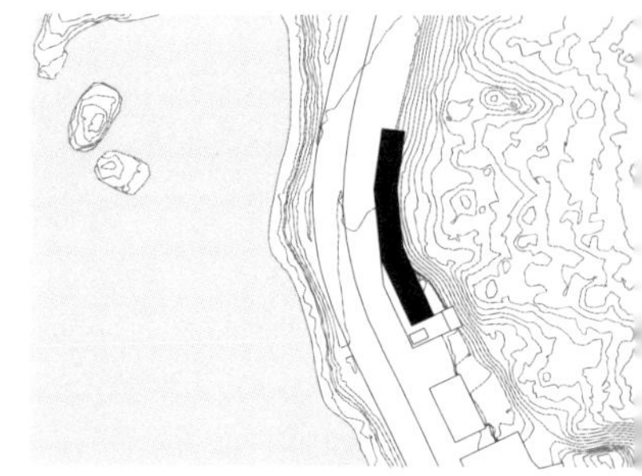

Wettbewerb: 2015, 1. Preis
Planung und Ausführung: 2015–2017
Auftraggebende: Fortimo AG, St. Gallen / Wittenbach
Statik: Lenz, Voneschen & Partner AG, Lenzerheide
Holzbau und Brandschutzplanung: Josef Kolb AG, Ingenieure und Planer, Romanshorn
Projektleitung Ausführung: Carmen Hernández-Arcas
Projektteam: Bogumila Dubel, Razan Achor, Pascal Graber

**Competition: 2015, 1st Prize**
**Planning and construction: 2015–2017**
**Client: Fortimo AG, St. Gallen / Wittenbach**
**Statics: Lenz, Voneschen & Partner AG, Lenzerheide**
**Wood construction and fire-safety planning: Josef Kolb AG, Ingenieure und Planer, Romanshorn**
**Project management, construction: Carmen Hernández-Arcas**
**Project team: Bogumila Dubel, Razan Achor, Pascal Graber**

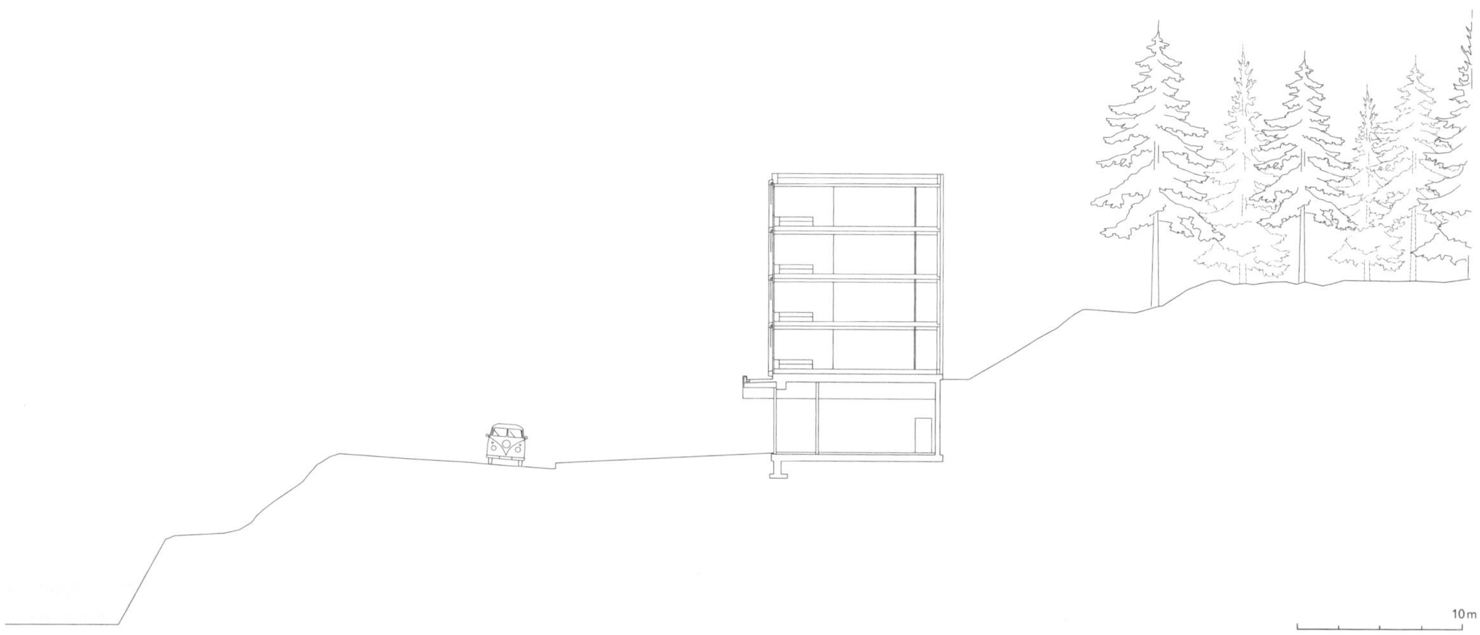

REVIER

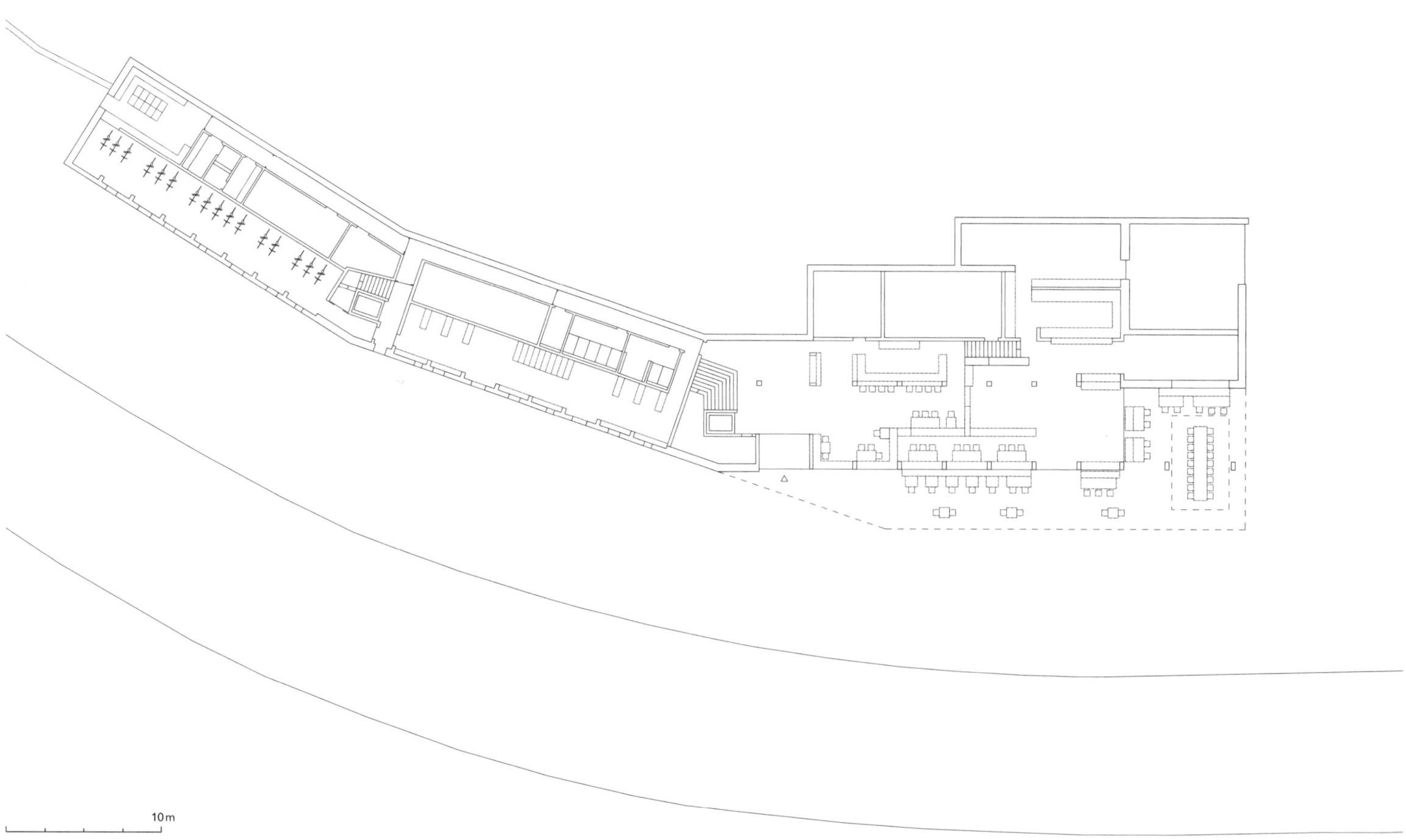
10 m

REVIER

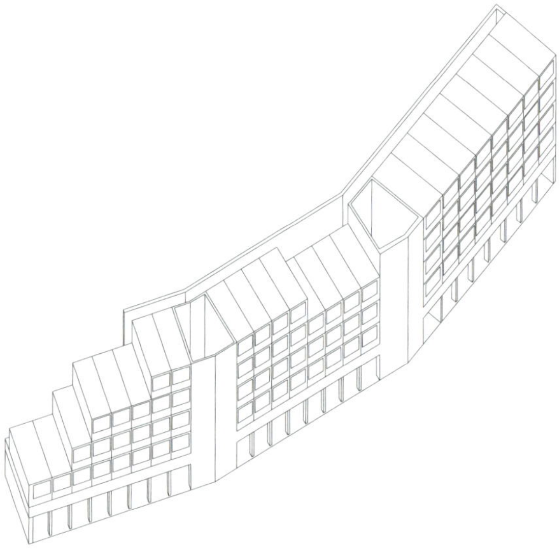

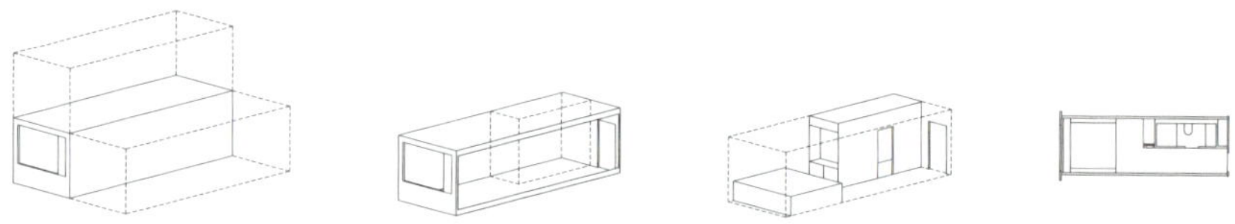

## AUGENKLINIK SCARPATETTI, TEUFEN

Die Operations-Schatulle

## SCARPATETTI EYE CLINIC, TEUFEN

**An operating casket**

Das im Biedermeierstil erbaute denkmalgeschützte Hauptgebäude benötigte aus betrieblicher Sicht eine südseitige Erweiterung um einen Operationssaal mit Vorbereitungs- und Sterilisationsraum. Aus dieser Bauaufgabe entwickelte das Umsetzungsteam zwei Volumen, die wie eine Schmuckschatulle verschiedene Nutzungsbereiche aufweisen und sich sowohl in der Materialisierung als auch in der Höhe unterscheiden.

Das Hauptvolumen beherbergt den Operationssaal. Dessen Ausformulierung nach aussen orientiert sich an den historischen Fassaden des Bestandsgebäudes. In der thematischen Neuinterpretation des gestemmten Täfers mit seinen Friesen und Füllungen artikuliert sich eine zeitgemässe Architektursprache. Quadratische Grundmodule an Wänden und Dach sind frei mit skalierten Rechtecken kombiniert. Die Komposition der Betonelemente geschieht präzise über Eck. Abgestufte Modultiefen verleihen dem Baukörper zusätzlich Plastizität.

Im Kontrast zu den glatten Oberflächen der Betonelemente steht das grob verputzte Exterieur des zurückversetzten Verbindungsbaus. Ebenfalls in hellem Grau gehalten, wirkt auch dieser Gebäudeteil sehr reduziert. Diese Schlichtheit setzt sich im Inneren fort. Nur einzelne Zäsuren aus Blautönen unterbrechen die nüchtern gehaltenen weissen Innenräume. Die kühlen Farbakzente eignen sich aufgrund ihrer genesungsfreundlichen Wirkung besonders für Klinikräume.

Das Wandbild im Operationssaal, eine Fotomontage, wurde von der Künstlerin Liliane Eberle erstellt und schafft mit dem alpinen Sujet einen direkten Bezug zur Region.

**For functional reasons, the preservation-listed, Biedermeier-style main building required an extension on its south side to include an operating theatre, as well as a preparatory and a sterilising room. This building task led the implementation team to create two volumes that resemble a jewellery box and accommodate various uses, while contrasting in terms of their materialisation and height.**

**The main volume accommodates the operating theatre. Its outward formulation is orientated towards the historical façades of the existing building. The contemporary architectural language is articulated in the thematic reinterpretation of the wooden panelling, with its friezes and in-fills. Square basic modules on the walls and roof combine freely with scaled rectangles. The concrete elements are precisely composed around the corners, while staggered module depths give the volumes additional sculptural qualities.**

**The coarsely plastered exterior of the recessed connecting section contrasts with the smooth surfaces of the concrete elements. Also in light grey, this section has a very reserved appearance. The simplicity is continued indoors. Only occasional interruptions in blue tones accentuate the otherwise reserved white interior spaces. The cool colour accents are appropriate for clinic rooms since they are conducive to recovery.**

**The Alpine motif of the mural photo-montage by the artist Liliane Eberle in the operating theatre refers directly to the region.**

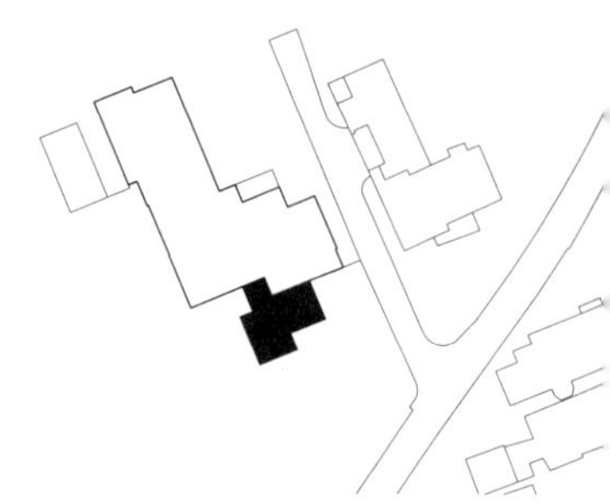

Planung und Ausführung: 2015–2017
Auftraggebende: Dr. Aldo Scarpatetti, Teufen
Projektleitung: Alexandra Tobler

**Planning and construction: 2015–2017**
**Client: Dr. Aldo Scarpatetti, Teufen**
**Project management: Alexandra Tobler**

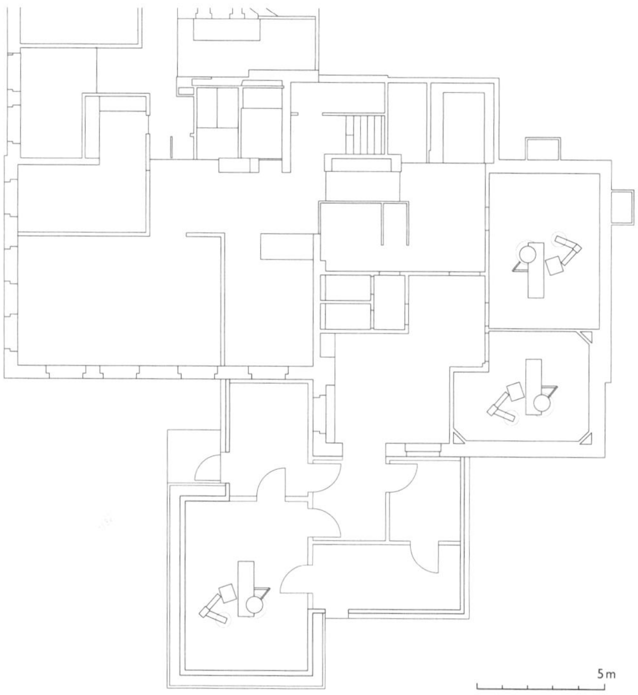

## HAUS DES WEINS, BERNECK
Bühne frei für Wein und Kultur

Mitten im historischen Dorfkern der Gemeinde Berneck entsteht ein neues Zentrum für Produkte der regionalen Weinbaukunst. Kernstück des zweiteiligen Ensembles ist ein monolithischer Baukörper aus beige eingefärbtem Beton. Er gliedert sich farblich in den Gebäudebestand ein und öffnet sich mit einladender Geste zum Dorfzentrum. Die massive Ausführung der Gebäudehülle erinnert an die Ausformulierung repräsentativer Gemeindebauten und stärkt seine Position als öffentliches Gebäude. Entsprechend gelingt dem Neubau eine klare Differenzierung in der Wertigkeit gegenüber den Holzbauten des umliegenden Häuserbestands.

Optisch hält der mittlere Baukörper die Gebäudegruppe zusammen. In Form und Grösse originalgetreu wiederaufgebaut, verbindet dieser Abschnitt Alt- und Neubau, hebt sich aber funktional vom Bauernhaus ab. Den harmonischen Abschluss der Gebäudezeile bildet das spitz ansteigende Satteldach. Es folgt der Firstlinie des angrenzenden Haupthauses.

Schalungsabdrücke von 21 unterschiedlichen Weinblättern sind dezent in die Sichtbetonoberfläche geprägt und versinnbildlichen die inhaltliche Ausrichtung des Kulturzentrums, dessen Herzstück der Winzerkeller samt seiner historisch inspirierten Gewölbedecke bildet. Mit 17 Grad Raumtemperatur und Präsentationsnischen für sämtliche Weine besticht er als angemessener Schau- und Degustationsraum für die Produkte regionaler Winzerinnen und Winzer.

Der ebenerdige Veranstaltungsraum überzeugt mit luftiger Grosszügigkeit, stringenter Materialwahl und starken Aussenraumbezügen. Die Verbindung von Sichtbeton und Holz wirkt stimmig. Alle Aussenwände sind im Inneren mit Weisstanne verkleidet, was optische Akzente setzt und eine angenehme Akustik gewährleistet.

## **HAUS DES WEINS, BERNECK**
**The stage is set for wine and the arts**

**In the heart of the historical village of Berneck, a new centre is being developed for products by regional wineries. The core of the two-part ensemble is a monolithic building in beige-stained concrete. It is tonally integrated into the existing structures, its inviting gesture opening up towards the village centre. The solid nature of the building envelope recalls the formulation of prestigious municipal facilities and strengthens its position as a public building. The new development thereby distinguishes itself from the surrounding wooden buildings in terms of its status.**

**Visually, the volume of the central building section holds the group together. Reconstructed in its original form and size, the section connects old and new elements, while setting itself apart functionally from a farmhouse. The steeply rising saddle roof forms the harmonious conclusion of the building row. It follows the roof-ridge line of the adjoining building.**

**The formwork prints of 21 different vine leaves are subtly embossed onto the fair-faced concrete surface, symbolising the content-related orientation of the cultural centre. The wine cellar, including the vaulted roof inspired by historical role models, forms the building centrepiece. At a temperature of 17 degrees and with presentation niches for all wines, it impresses as an appropriate show and tasting room for the regional winery products.**

**The generous ground-floor event room combines an airy atmosphere with a stringent choice of materials and strong references to the outdoor environment. The combination of fair-faced concrete and wood is harmonious. All outer walls are clad in silver fir on their inner sides, providing visual highlights and ensuring pleasant acoustics.**

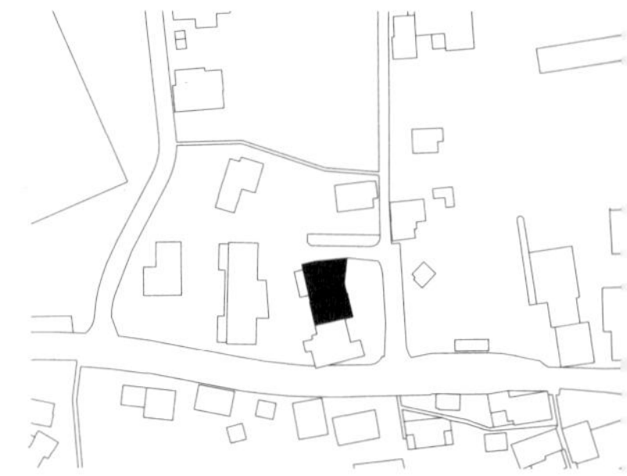

Wettbewerb: 2015, 1. Preis
Planung und Ausführung: 2015–2018
Auftraggebende: Ortsgemeinde Berneck
Statik: CDS Bauingenieure AG, Heerbrugg
Projektleitung: David Gschwend
Baumanagement: Nevzad Hamzić

**Competition: 2015, 1st Prize**
**Planning and construction: 2015–2018**
**Client: Municipality of Berneck SG**
**Statics: CDS Bauingenieure AG, Heerbrugg**
**Project management: David Gschwend**
**Construction management: Nevzad Hamzić**

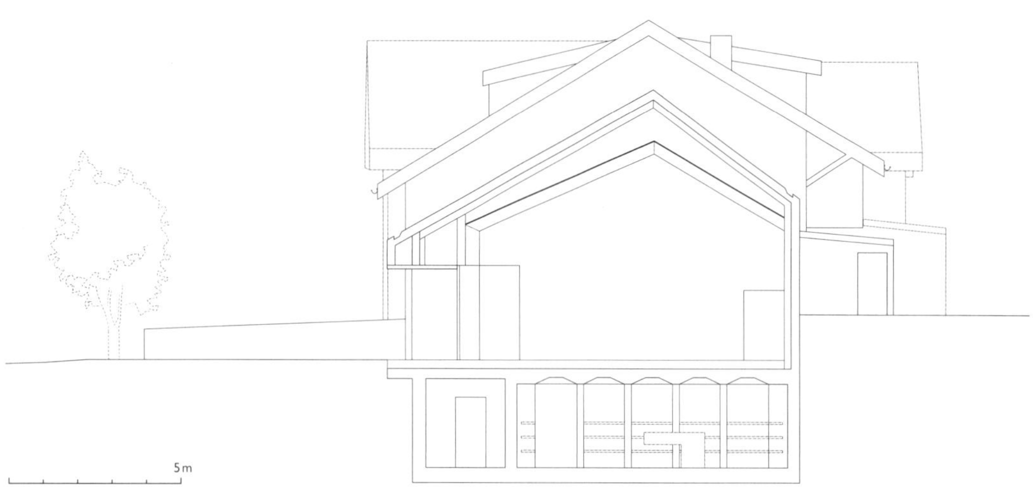

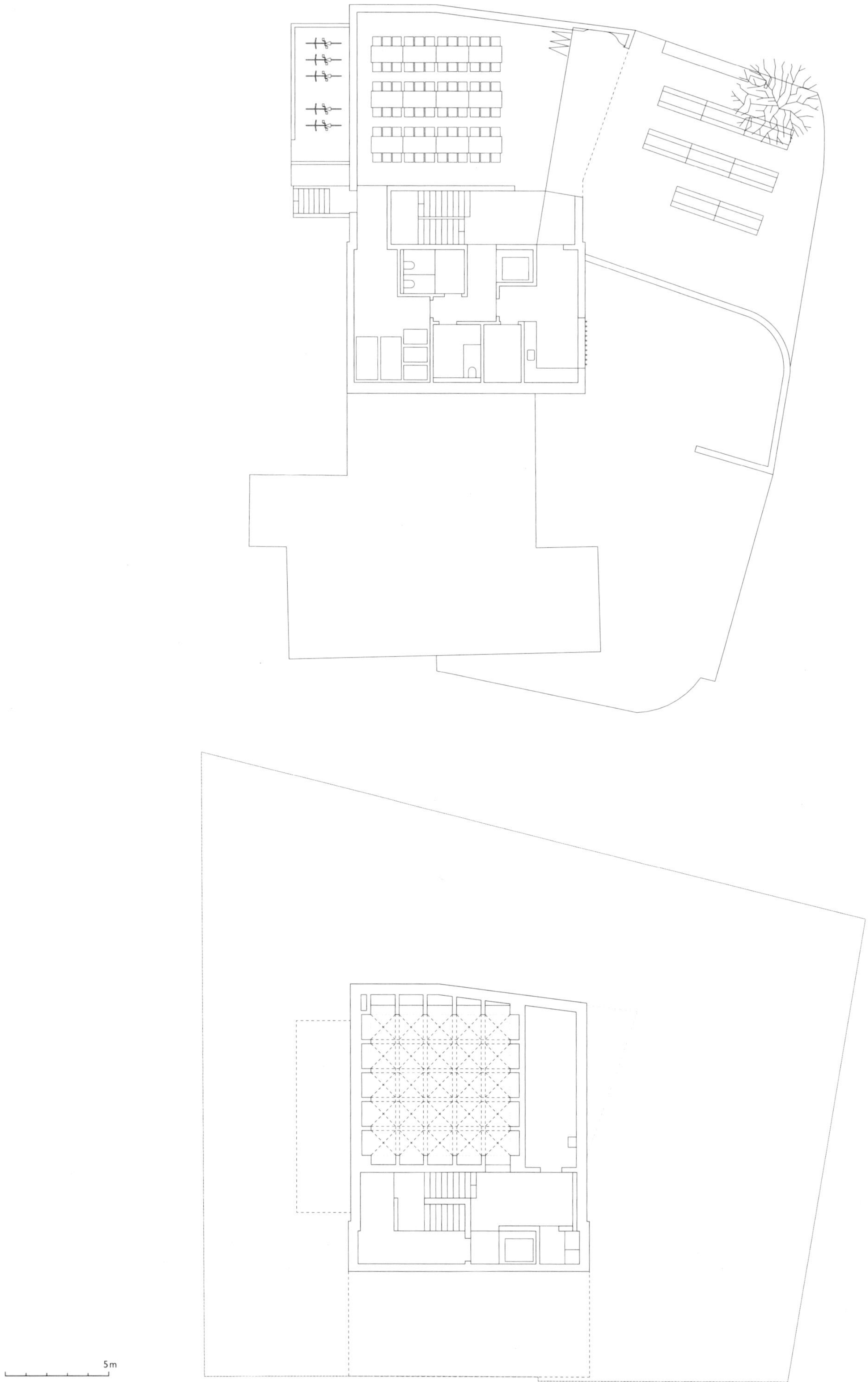
5 m

## STADTHAUS SEEHOF, RORSCHACH
Zweiseitig optimiert

Das Gebäude befindet sich am östlichen Stadtrand von Rorschach und bildet gemeinsam mit dem Neubau der Raiffeisenbank den Eingang in die historische Innenstadt. In enger Kooperation mit Behörden und Denkmalpflege erarbeitete das Projektteam ein ortsbauliches und architektonisch angemessenes Bebauungskonzept entlang der Hauptstrasse.

Der langgestreckte Baukörper umfasst fünf Vollgeschosse, deren an der Nordfassade allseitig verglaste Erker als Quader hervortreten und pittoreske Ausblicke auf den Bodensee gewähren. Stilistisch orientiert sich das Stadthaus dabei an den charakteristischen Vorbauten der Altstadthäuser und übersetzt so den traditionellen Baustil elegant in die Gegenwart.

Die am Gebäude unregelmässig angeordneten Vorsprünge erstrecken sich teilweise über zwei oder drei Geschosse und verdichten sich in Richtung Stadtzentrum. Zusätzlich dehnt sich die Auskragung kontinuierlich aus, um sich der vorspringenden Kante der im Westen angrenzenden Raiffeisenbank anzunähern. Die Gebäudefront selbst übernimmt die Flucht der östlichen Häuserzeile.

An der südlichen Hofseite öffnet sich der kompakte Baukörper durch raumhohe Verglasungen und Balkone und bildet einen Ruhepol zur strassenseitigen Fassade. Durch die gewählte Lage ist das Stadthaus in ein stimmiges Verhältnis zur Ausrichtung des ehemaligen, jetzt namensgebenden Hotels gesetzt. Damit die Gebäudestruktur möglichst gleichmässig in Erscheinung tritt, ist das Sockelgeschoss bewusst schlicht und ohne spezielle Materialausgestaltung gehalten.

## STADTHAUS SEEHOF, RORSCHACH
**Optimised on two sides**

**The building is located on the eastern outskirts of Rorschach and, together with the new Raiffeisenbank complex, forms the entrance to the historical town centre. In close cooperation with the authorities and the office for the preservation of historical monuments, the project team created an architecturally appropriate development concept along the main street.**

**The elongated volume has five full storeys. On the north façade, fully glazed oriels project to form cuboid features, offering picturesque views of Lake Constance. The style of the Stadthaus is orientated towards the characteristic porches of the old town houses, thereby elegantly translating the traditional building style into a contemporary form.**

**The irregularly arranged projections along the building partially cover two or three floors and become more concentrated towards the town. The canopy also gradually projects out further to approach the overarching edge of the Raiffeisenbank building to the west. The building front itself assumes the line of the eastern row of houses.**

**On the southern courtyard side, the building opens up by means of room-high glazing and balconies, providing a peaceful counterpart to the street-side façade. The chosen location places the town house in a harmonious relationship to the former hotel of the same name. To allow the building to appear as even and compact as possible, the base level has a deliberately simple design, without a specific material finish.**

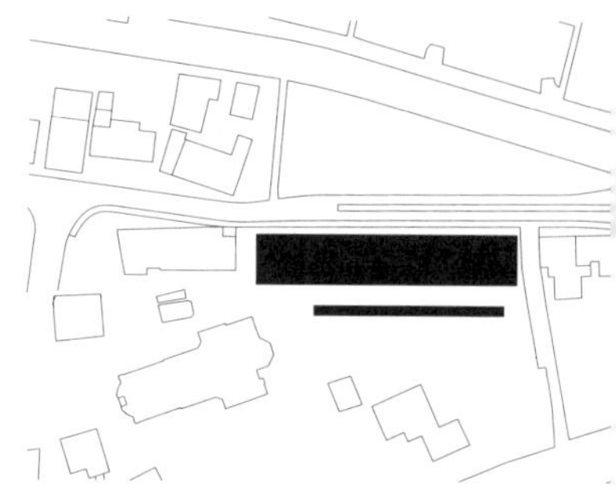

Planung und Ausführung: 2012–2018
Auftraggebende: JUGABIMMO, VASOPA AG, KIMO AG Immobilien + Projektentwicklungen, St. Gallen
Landschaftsarchitektur: Jacqueline Kissling, Rorschach
Projektleitung: Ronnie Ambauen
Projektteam: Désirée Göschler, Fabian Lüchinger, Nanetta Mitzenheim, Urs Weber, Victor Longo

**Planning and construction: 2012–2018**
**Client: JUGABIMMO, VASOPA AG, KIMO AG Immobilien + Projektentwicklungen, St. Gallen**
**Landscape architecture: Jacqueline Kissling, Rorschach**
**Project management: Ronnie Ambauen**
**Project team: Désirée Göschler, Fabian Lüchinger, Nanetta Mitzenheim, Urs Weber, Victor Longo**

PARKHAUS HAFEN

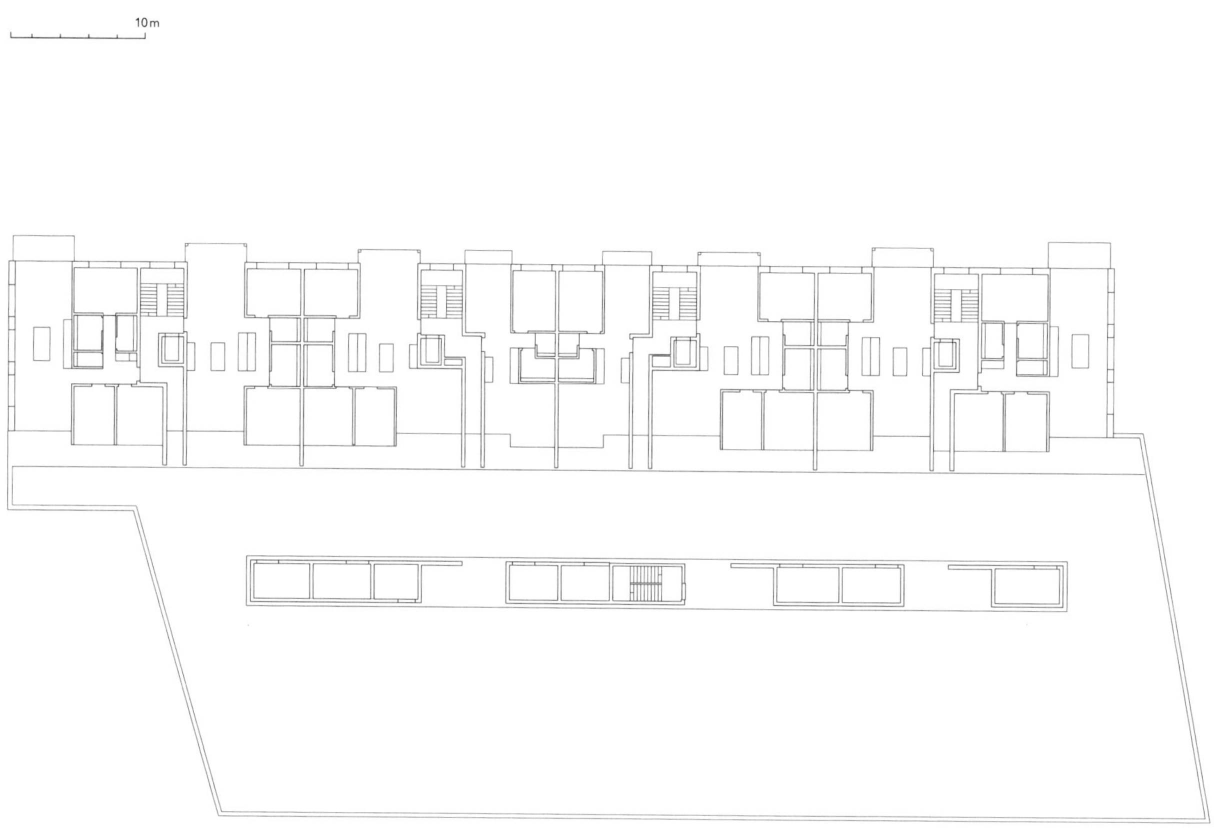

CUBIC, UZWIL
Der Innovations-Campus

**CUBIC, UZWIL**
**Innovation campus**

Der CUBIC bildet den Knotenpunkt des Bühler Innovation Campus. Zweigeschossig liegt der Stahlskelettbau auf den bestehenden Versuchshallen und dem neuen Zugangskern. Von der zentralen, 50 × 50 Meter messenden Grundfläche aus führen Verbindungsbrücken zu den Hochhäusern sowie zum Customer Center.

Um die Nutzungsmöglichkeiten des Innovation Campus zu verstärken, beschränken sich tragende Elemente, Treppen, Aufzüge und Technikerschliessungen auf drei Betonkerne. Sie definieren zusammen mit drei Patios und drei doppelgeschossigen Hallen das Herzstück des CUBIC. Dezentral dazu erstreckt sich ringförmig eine offene Raumlandschaft. Über zwei Etagen verteilt, schaffen umgenutzte Seecontainer, Loungemöbel und flexibel nutzbare Arbeitsplätze einen progressiven Coworking Space.

Der Innenraum erinnert an eine Werkhalle. Die unbekleidete Stahlkonstruktion, die industrielle Trapezblechdecke und der Eichenboden intensivieren diese Wirkung. Damit Besucherinnen und Besucher alle Sektoren flexibel nutzen können, liegen das Zuluftsystem, die smarte Haustechnik und die Gebäudeautomation verborgen im demontierbaren Doppelboden. Selbst Lüftungsauslässe und Bodendosen lassen sich nutzungsspezifisch platzieren. Eine besondere Funktion übernimmt das tragende Trapezblech der Decke. Es besteht aus vorgefertigten Elementen, die als eingebrachte Module raumakustische Funktionen erfüllen und zugleich das gesamte Heiz- und Kühlsystem fassen.

Nebst den spannenden räumlichen Strukturen brachte die intelligente Synthese von Flexibilität und Nachhaltigkeit dem Projektteam die «LEED Gold»-Zertifizierung ein.

**The CUBIC building forms the node of the Bühler Innovation Campus. The two-storey steel-skeleton building is situated upon the existing application halls and the new access core. Connecting bridges lead from the central 50 × 50 metre floor space to the high-rises and the Customer Center.**

**To strengthen the Innovation Center's use potential, the load-bearing elements, stairs, lifts and technical entrances are limited to three concrete cores. Together with three patios and three double-storey halls, they define the heart of the CUBIC building. An open spatial landscape stretches out as a decentralised ring formation. Converted shipping containers, lounge furniture and flexibly usable workplaces distributed on two floors create a progressive co-working space.**

**The interior resembles a factory hall. The unclad steel structure, the industrial trapezoid sheet metal ceiling and the oak floor enhance the effect. To allow all users to operate flexibly in all sectors, the ventilation system, smart building systems and building automation are all hidden beneath the removable raised floor. Users can even place the ventilation shafts and floor box units flexibly depending on requirements. The load-bearing trapezoid sheet-metal ceilings assume a special function. They consist of prefabricated elements that fulfil room-acoustic functions, while also housing the entire heating and cooling system.**

**The project team was awarded "LEED Gold Label" certification due to the building's spatial qualities, as well as its intelligent synthesis of flexibility and sustainability.**

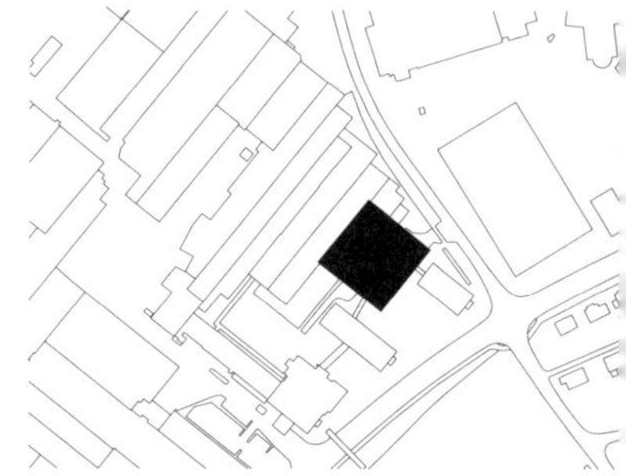

Planung und Ausführung: 2015–2019
Projektpartner: UZE AG, Elvis Pidic, Uzwil
Auftraggebende: Bühler Immo Betriebs AG
Statik: Gruner AG, St. Gallen
Landschaftsarchitektur:
LAND Suisse Sagl, Lugano (IT)
Nachhaltigkeitskonzept / LEED
Energielabel: Lemon Consult AG, Zürich
Gesamtleitung Ausführung:
Diego Rosafio
Projektteam: Roman Müller,
Carmen Hernández-Arcas,
Reto Brühlmann, Marion Belz,
Holger Fritz

**Planning and construction: 2015–2019**
**Project partner: UZE AG, Elvis Pidic, Uzwil**
**Client: Bühler Immo Betriebs AG**
**Statics: Gruner AG, St. Gallen**
**Landscape architecture:**
**LAND Suisse Sagl, Lugano (IT)**
**Sustainability concept / LEED energy label: Lemon Consult AG, Zurich**
**Overall management: Diego Rosafio**
**Project team: Roman Müller,**
**Carmen Hernández-Arcas,**
**Reto Brühlmann, Marion Belz,**
**Holger Fritz**

10m

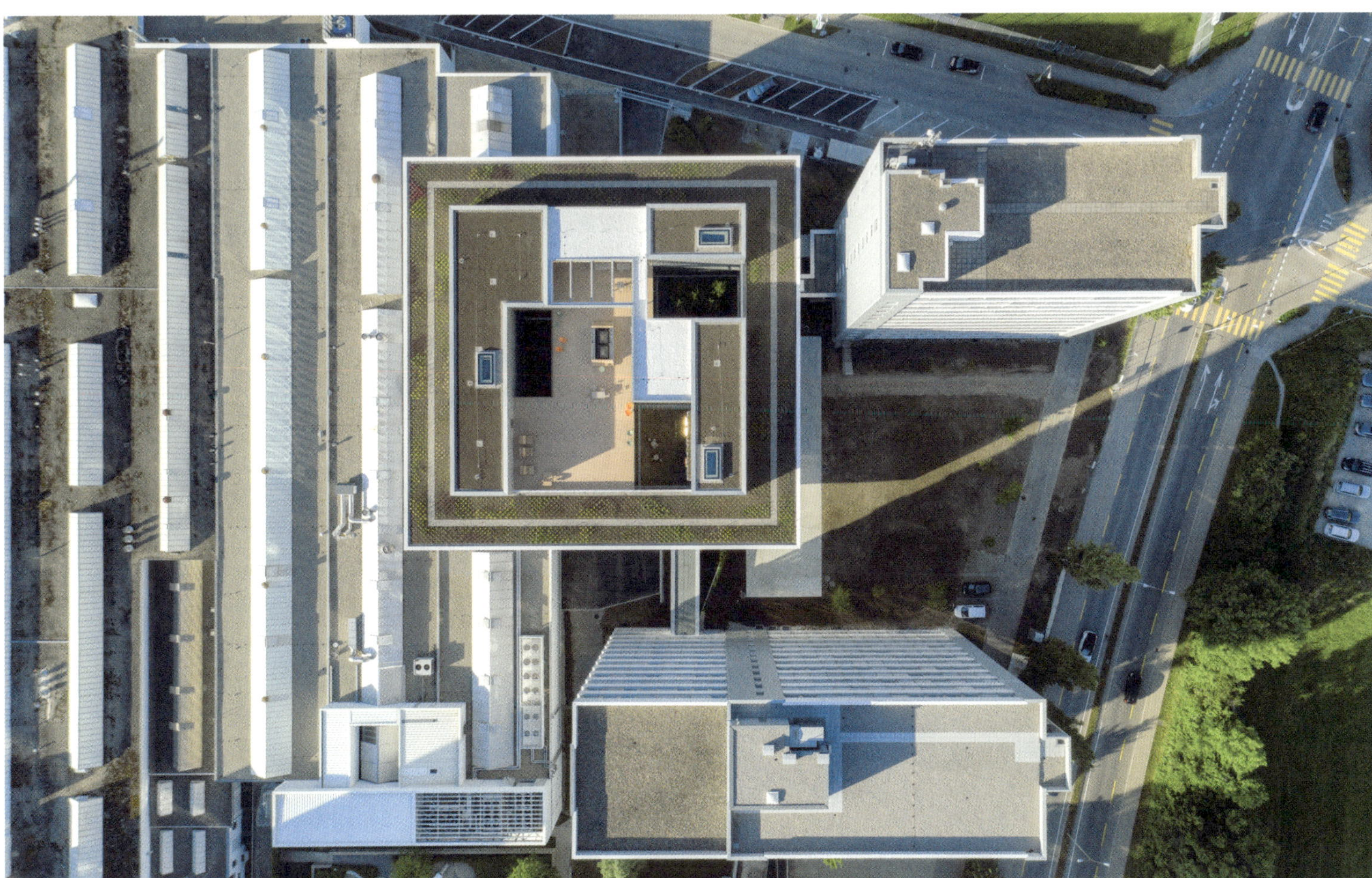

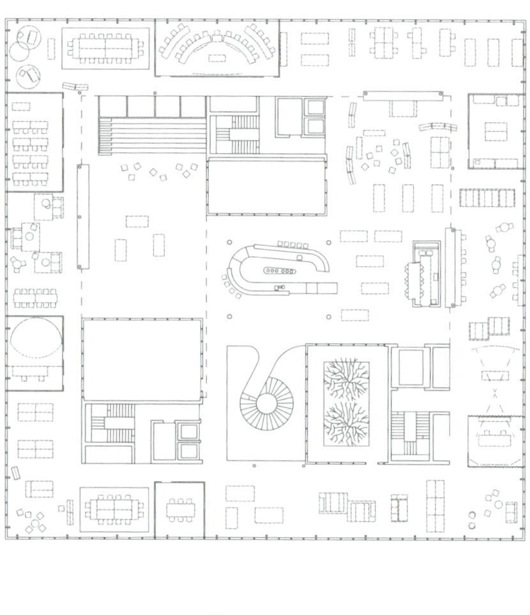

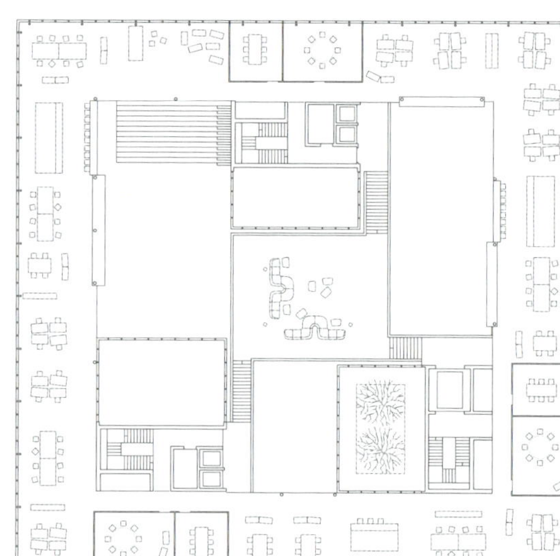

## RAIFFEISENBANK, OBERRIET
Luftig verschleiert

## RAIFFEISENBANK, OBERRIET
**Airily veiled**

Inmitten heterogen gewachsener Strukturen liegt die Bankfiliale an der Hauptverkehrsader des Dorfkerns. Gerade seine markante Andersartigkeit fügt den Bau raffiniert in die Umgebung ein. Platziert auf zwei Stützen – dem Drive-in-Bankomaten und dem Erschliessungskern – erhebt sich das Gebäude über dem Vorplatz. Durch die verspiegelten Auflager und die extreme Auskragung der oberen Etage wirkt das Bauwerk schwerelos.

Der Parterrebereich dient als repräsentative Einfahrt, Vor- und Parkplatz zugleich. Mit in den Asphalt eingestreuten Spiegel- und Glassplittern führt diese Zone die ganzheitliche Inszenierung konsequent fort. Über den roten Teppich erreicht die Klientel den Kundenbereich im ersten Stock. Hier formt das elementare Wechselspiel zwischen Offenheit und Diskretion die Innenarchitektur. Ein Gefühl der Leichtigkeit empfängt die Mitarbeitenden und Gäste. Die Beraterbank präsentiert sich als offen verglaster Kubus, der lediglich durch Glaselemente in einzelne pillenförmige Zellen zoniert ist. Per Knopfdruck können die Mitarbeitenden die Scheiben der Büros und Besprechungszimmer opak setzen, um während der Kundengespräche Privatsphäre zu gewährleisten.

Ein begrünter Lichthof in der Mitte des Raums grenzt die Lobby und die diskreten Bereiche voneinander ab und sorgt für eine kommunikative Atmosphäre. Auch für die Filterung der Abgase, die bei der Zufahrt zum Drive-in-Bankomaten entstehen, ist gesorgt. Wie ein luftiger Schleier ummantelt die dreidimensional gestaltete Hülle den Baukörper. Die Fassade aus vorgefertigten Glasfaserbetonelementen verfügt durch den Titan-Zinkoxid-Zusatz über eine luftreinigende Wirkung. Sie befreit die Umgebungsluft von Schadstoffen und verleiht der Bankfiliale zugleich ihren unverwechselbaren Charakter.

**The bank branch is situated in the village centre among its heterogeneous structures. Its very striking otherness inserts it intelligently into the surroundings. Placed upon two supports – the drive-in ATM and the access core – the building towers over the forecourt. The mirrored bearings and the extreme projection of the upper level make the volume seem weightless.**

**The ground floor serves as an official entrance, forecourt and parking area. Mirror and glass granulate worked into the asphalt consistently extends the holistic zone. Customers reach the service area via a red carpet. The elementary interaction between openness and discretion shapes the interior architecture. A sense of lightness welcomes the employees and visitors. The bank presents itself as an open, glazed cube, which is only zoned by glass elements into individual pill-shaped cells. Employees can make the panes of their offices opaque at the touch of a button to ensure privacy during customer meetings.**

**A green central atrium separates the lobby from the more discreet areas, thereby ensuring a communicative atmosphere. The façade serves as a filter to clean the exhaust fumes when the drive-in ATM is used. The three-dimensional shell envelops the building like a airy veil. The façade made of prefabricated fibreglass concrete elements includes a titanium-oxide-zinc additive with an air-cleaning effect. It removes pollutants from the air in the vicinity and gives the branch its iconic character.**

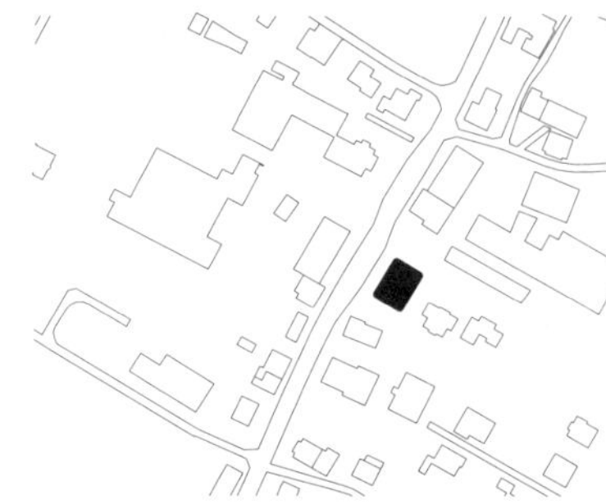

Planung und Ausführung: 2017–2019
Auftraggebende: Raiffeisenbank Oberes Rheintal, Norbert Lüchinger
Landschaftsarchitektur: Jacqueline Kissling, Rorschach
Fassadenplanung: GFT Fassaden AG, St. Gallen
Projektleitung: Tobias Haefelin
Baumanagement: Wolfgang Haberl

**Planning and construction: 2017–2019**
**Client: Raiffeisenbank Oberes Rheintal, Norbert Lüchinger**
**Landscape architecture: Jacqueline Kissling, Rorschach**
**Façade planning: GFT Fassaden AG, St. Gallen**
**Project management: Tobias Haefelin**
**Construction management: Wolfgang Haberl**

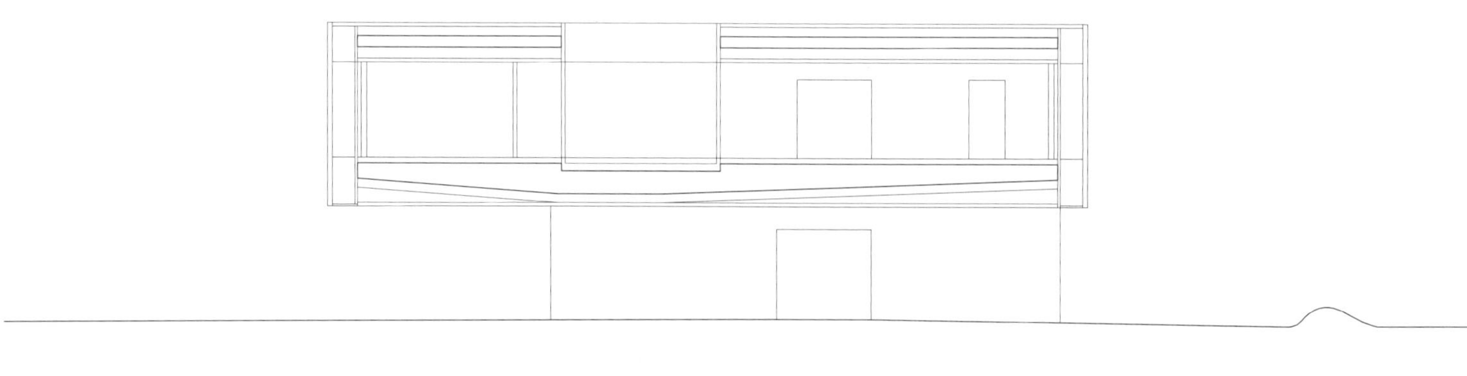

RAIFFEISEN

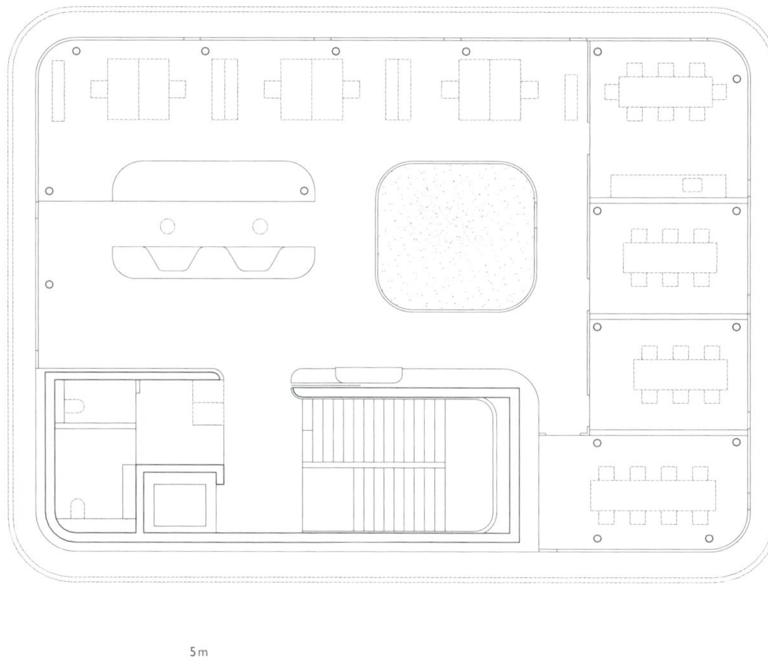
5 m

RAIFFEISEN

## KNIES ZAUBERHUT, RAPPERSWIL
Magische Ausstrahlungskraft

## KNIE CONJURER'S HAT, RAPPERSWIL
**Magical radiance**

Knies Zauberhut versinnbildlicht die Welt der Magie. Im Herzen von Knies Kinderzoo errichtet, erinnert die luftige Gestalt des emporgefalteten Baukörpers an ein Zaubertuch oder Zirkuszelt. Zuschauerinnen und Zuschauer wollen hier das Exotische entdecken – eine Erwartung, die durch die orientalische Anmutung der Formensprache verstärkt wird.

Das Siegerprojekt des Architekturwettbewerbs dient als Spielstätte für Vorführungen und als Saal für Veranstaltungen ausserhalb des Tagesprogramms. Die freitragende Faltwerkbedachung verleiht der zentral angelegten Arena ihren spektakulären Charakter. In seiner umschliessenden Qualität sorgt dieser Baldachin für ein sanftes Raumgefüge und trägt zur ausgewogenen Akustik bei. Terrassierte Ebenen und vorgelagerte Sitzstufen fügen den Neubau in den bestehenden Kontext ein. Im Norden liegt das Dach auf den Nebenräumen der Manege. Sie bilden den Rücken des Gebäudes.

Um die Niveaudifferenz aufzunehmen und einen ebenerdigen Zugang zwischen Nord- und Südseite zu garantieren, sind die Nebenräume unter der Erde untergebracht. Tagsüber erfolgt der Eintritt über den Vorplatz. Anlieferungen sind über das Tor im Nordwesten möglich. Im Süden säumen grosse Portale den Pavillon.

Dank der Holzbauweise mit vorgefertigten Elementen war die Bau- und Montagezeit kurz und effizient. Mit ihrem Gewand aus schimmernden Metallschuppen und einer Höhe von 25 Metern hat die Konstruktion die für den Kinderzoo erwünschte Ausstrahlungskraft und prägt zugleich die Stadtsilhouette.

**The Knie Conjurer's Hat symbolises the world of magic. Built in the heart of the Knie children's zoo, the airy structure of the upwardly unfolding volume recalls a conjurer's silk cloth or a circus world. Visitors hope to discover an exotic world, expectations that are heightened by the oriental formal language.**

**The winning project of an architectural competition serves as a venue for performances and a hall for special events. The self-supporting folded covering gives the central arena its spectacular character. The canopy's all-encompassing nature creates a soft spatial atmosphere and ensures balanced acoustics. The terraced levels and front seating steps integrate the new structure into the existing context. In the north, the menagerie's auxiliary rooms support the roof. They form the building's backbone.**

**To accommodate the slope and guarantee ground-floor entrances both on the north and south sides, the auxiliary rooms are situated underground. During the day, visitors enter via the forecourt. Deliveries can use the gate in the northwest. In the south, large portals line the pavilion.**

**The wooden construction with prefabricated elements enabled a short, efficient construction and assembly period. With its garb of shimmering metal scales and a height of 25 metres, the structure for the children's zoo has the desired radiance and also defines the urban silhouette.**

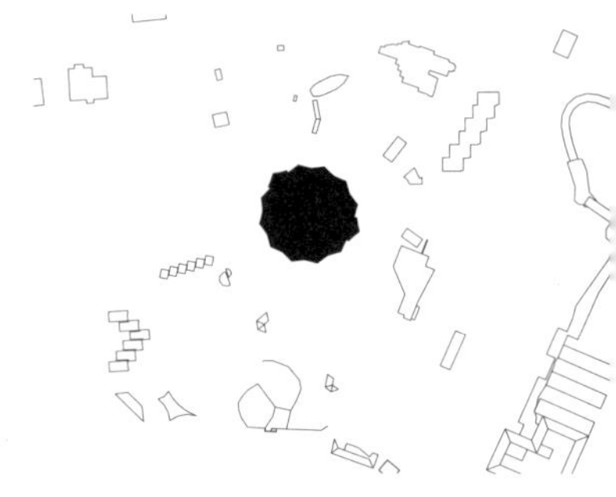

Wettbewerb: 2018, 1. Preis
Planung und Ausführung: 2018–2020
Auftraggebende: Gebrüder Knie, Schweizer National-Circus AG, Rapperswil
Generalplaner: Ghisleni Partner AG, Rapperswil
Holzbau / Bauphysik / Akustik / Brandschutz: Pirmin Jung Schweiz AG, Sursee
Realisation Holzbau: Blumer-Lehmann AG, Gossau
Projektleitung Entwurf: David Gschwend
Projektleitung Ausführung: Stephan Strässle
Projektteam: Razan Achor, Arik Stähli

**Competition: 2018, 1st Prize**
**Planning and construction: 2018–2020**
**Client: Knie Brothers, Schweizer National-Circus AG, Rapperswil**
**General planner: Ghisleni Partner AG, Rapperswil**
**Wood construction / Structural physics / Acoustics / Fire safety: Pirmin Jung Schweiz AG, Sursee**
**Wood construction: Blumer-Lehmann AG, Gossau**
**Project management, design: David Gschwend**
**Project management, construction: Stephan Strässle**
**Project team: Razan Achor, Arik Stähli**

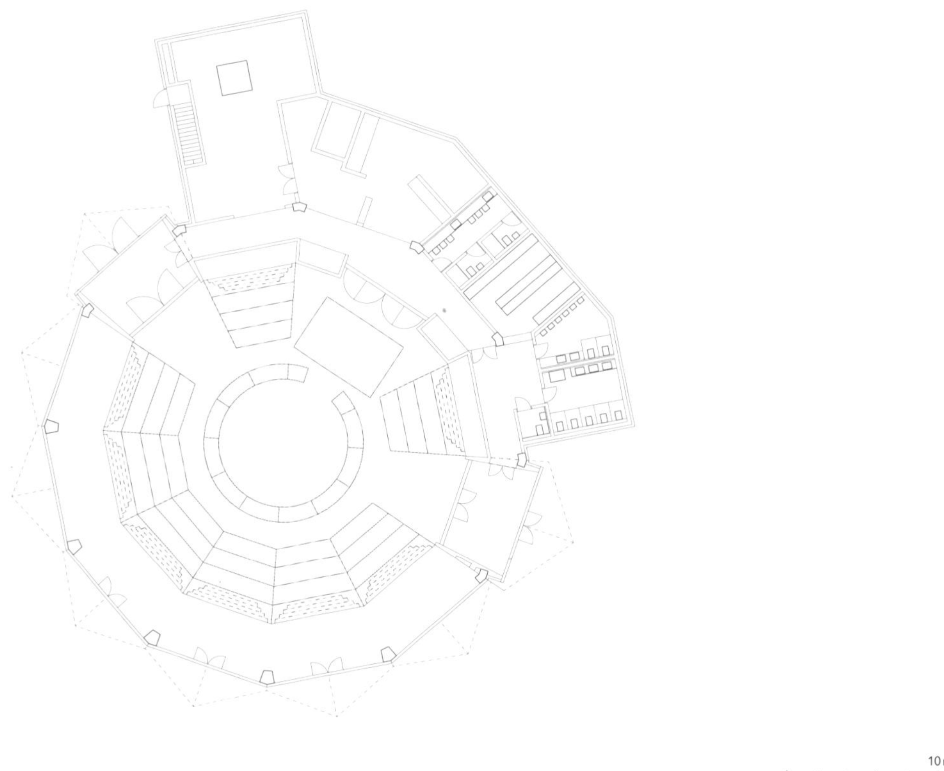
10m

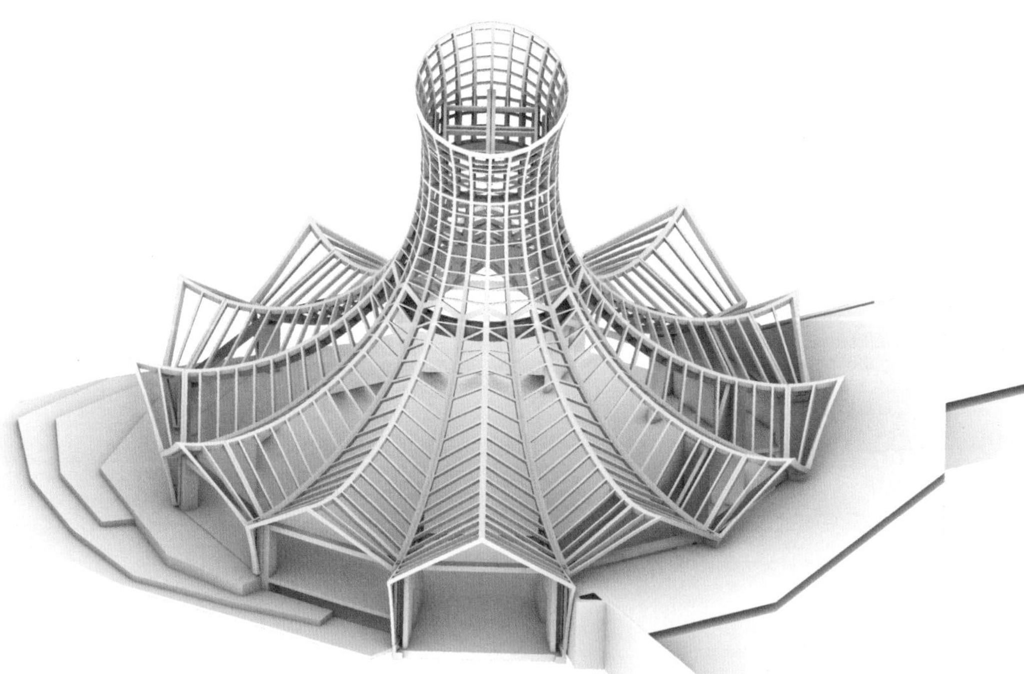

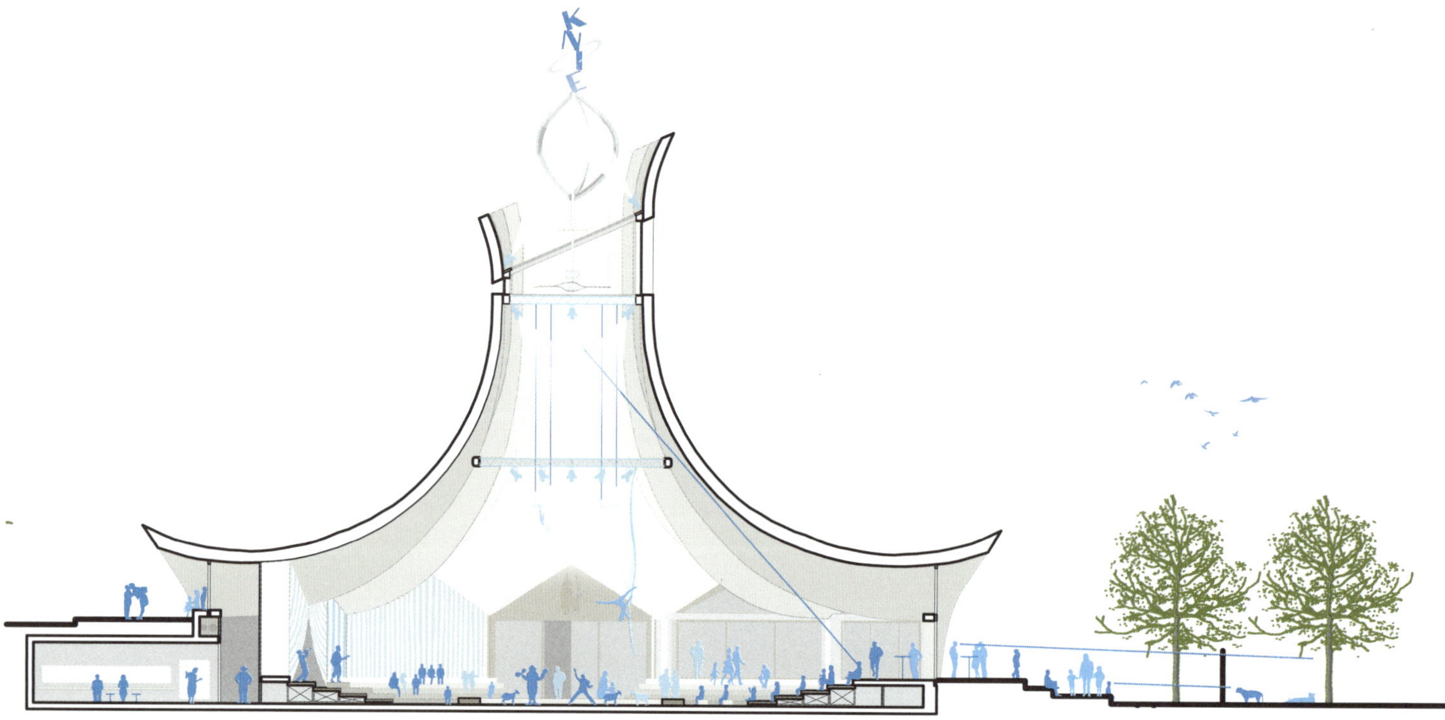

REHAKLINIK, ZIHLSCHLACHT
Eine Klinik wie ein Hotel

**REHABILITATION CLINIC, ZIHLSCHLACHT**
**A clinic like a hotel**

Als Teil der Erweiterung des neurologischen Rehabilitationszentrums konzipiert, erfüllt das Klinikgebäude sowohl die hohen medizinischen Anforderungen als auch die Ansprüche an Komfort, Service und Ambiente für nationale und internationale Privatpatienten.

Entlang der Baulinie gesetzt, reagiert das Gebäude mit seiner geknickten Form und der weissen Keramikfassade auf die topografischen Gegebenheiten. Gleichzeitig bildet es den Abschluss des Spitalkomplexes. Das dreigeschossige Klinikum schliesst synergetisch an die bereits bestehende Bausubstanz an und präsentiert sich als elegant fliessendes Raumgefüge. Über eine Passerelle gelangt man vom Haupteingang der benachbarten Einrichtung in den Neubau mit heller, einladender Lobby.

Das Gebäude gliedert sich in zwei Bereiche, die ringartig um den zentralen Erschliessungskern angeordnet sind. Im Norden befinden sich alle Verwaltungs-, Behandlungs- und Nebenräume. An der Südseite bieten hochwertig ausgestattete Patientenzimmer pittoreske Ausblicke auf das Alpstein-Gebirge. Die 28 Zimmer lassen sich bei Bedarf jeweils mit einem benachbarten Zimmer zu einer luxuriösen Suite von doppelter Grösse koppeln. Gemeinsam mit der Künstlerin Liliane Eberle entstand eine Bildwelt aus Nanografien, die neuronale Netze zeigen. Dieses Thema findet seine Fortsetzung in den reliefartigen Wandverkleidungen im Bereich der Empfangstheken beider Stationen.

**Conceived as part of an extension to a neurological rehabilitation centre, the clinic building fulfils both the high medical demands and standards of comfort, service and atmosphere for its national and international private patients.**

**Positioned along the building line, the clinic reacts to the topographic conditions with its kinked form and its white ceramic façade. At the same time, it forms the conclusion of the hospital complex. The three-storey clinic synergetically connects with the existent structures and presents itself as an elegant, fluent spatial fabric. A passage leads from the main entrance of the neighbouring facility to the new building, with its bright, inviting lobby.**

**The building has two sections arranged in a ring formation around the central access core. All administrative, treatment and auxiliary rooms are arranged in the northern section. High-quality furnished patient rooms in the south offer picturesque views of the Alpstein mountains. If required, the 28 rooms can be connected to their neighbouring counterparts to create a luxury double-sized suite. A nanographic visual world depicting neural network connections was developed together with the artist Liliane Eberle. The theme is continued in the relief-like wall cladding in the area of the reception booths in both wards.**

Planung und Ausführung: 2017–2020
Auftraggebende: VAMED Schweiz, Rehaklinik Zihlschlacht AG, Jacques-André Künzli, Zihlschlacht
Landschaftsarchitektur: Plankton Media
Projektleitung Entwurf: David Gschwend
Projektleitung Ausführung: Alexandra Tobler, Diego Rosafio
Projektteam: Marion Belz, Nevzad Hamzić, Fatima Martinez- Gonçalves, Stephan Strässle, Luigi Vitale

**Planning and construction: 2017–2020**
**Client: VAMED Schweiz, Rehaklinik Zihlschlacht AG, Jacques-André Künzli, Zihlschlacht**
**Landscape architecture: Plankton Media**
**Project management, design: David Gschwend**
**Project management, construction: Alexandra Tobler, Diego Rosafio**
**Project team: Marion Belz, Nevzad Hamzić, Fatima Martinez- Gonçalves, Stephan Strässle, Luigi Vitale**

ROMEO & JULIA, ST. GALLEN
Liebe zum Leben

**ROMEO & JULIA, ST. GALLEN**
**Love for life**

Der Gebäudekomplex im Planungsgebiet erstreckt sich gestaffelt entlang des nach Nordwesten abfallenden Hügelzugs. Trotz der topografisch herausfordernden Lage am Hang gelingt die dichte Bebauung innerhalb der vorhandenen ortsbaulichen Strukturen adäquat und landschaftlich verträglich. Die Quartierstrasse teilt die Überbauung in zwei Bereiche, die durch einen zentral belebten Ankunftsort verbunden sind. Hier, in dieser Begegnungszone, entsteht der gemeinschaftliche Aussenraum. Er besticht mit überdachten und grosszügig verglasten Aufenthaltsbereichen, der Lobby mit Paket- und Postfächern sowie Veloräumen und der Zufahrt zur Tiefgarage.

Durch die Ausformulierung vielseitiger Platz- und Hofsituationen entstehen attraktive Freiräume für die Bewohnerinnen und Bewohner der Siedlung. Sie bieten unterschiedliche Funktionen und sind mit Themengärten bespielt. Als grosszügige offene Sektoren fördern sie soziale Aktivitäten. Strategisch platzierte bepflanzte Nischen bieten Rückzugsmöglichkeiten.

Der modulare Aufbau der Siedlungseinheiten garantiert maximale Planungsflexibilität. Jedes Raumsegment hat die Modulgrösse eines Zimmers, eines Wohn-/Koch- und Essbereiches oder eines Studios. Zudem erlaubt die Raumeinteilung der Appartements höchste Nutzungsflexibilität. Auf allen Etagen ist dank dieses Einteilungskonzepts durchmischtes Wohnen in vielseitiger Form gewährleistet.

**The building complex winds its staggered, northwesterly way along the line of the slope. Despite the topographically challenging hillside location, the dense development integrates itself within the existing structures, while remaining compatible with the landscape. The neighbourhood street divides the development into two sections connected by a lively, central arrival area, including the meeting zone's communal outdoor space. It is notable for its covered, generous glazed gathering area, the lobby with parcel and post boxes, cycle rooms and the entrance to the underground car park.**

**The formulation of the multifaceted square and courtyard situations create attractive open spaces for the neighbourhood's residents. They offer different functions and are enhanced by themed gardens, acting as spacious, open sectors to encourage social activities. Strategically placed, planted niches offer places to withdraw to.**

**The modular structure of the neighbourhood units guarantees maximum planning flexibility. Each planning segment has the modular size of a room, a combined kitchen, dining and living area or a studio. The apartment's partitioning also allows maximum user-flexibility. Thanks to this layout concept, mixed housing in versatile form is guaranteed on all floors.**

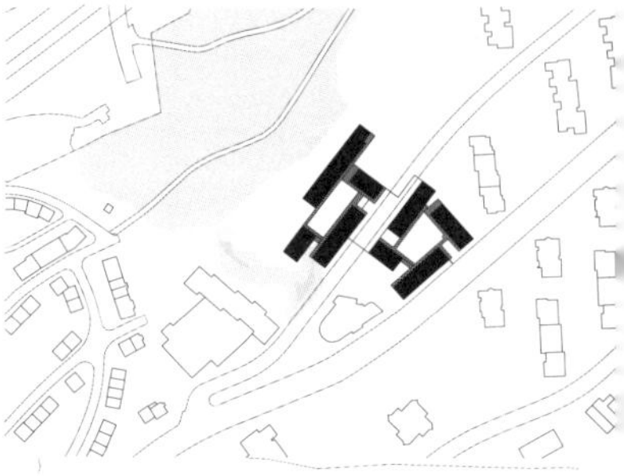

Wettbewerb 2020, 1. Preis
Planung und Ausführung: 2020–
Auftraggeber: KIMO AG Immobilien + Projektentwicklungen, St. Gallen, Markus Morant
Landschaftsarchitektur: stalder landschaften bsla sia, St. Gallen
Projektteam: Tobias Haefelin, Diego Rosafio, Julian Hautle

**Competition 2020, 1st Prize**
**Planning and construction: 2020–**
**Client: KIMO AG Immobilien + Projektentwicklungen, St. Gallen, Markus Morant**
**Landscape architecture: stalder landschaften bsla sia, St. Gallen**
**Project team: Tobias Haefelin, Diego Rosafio, Julian Hautle**

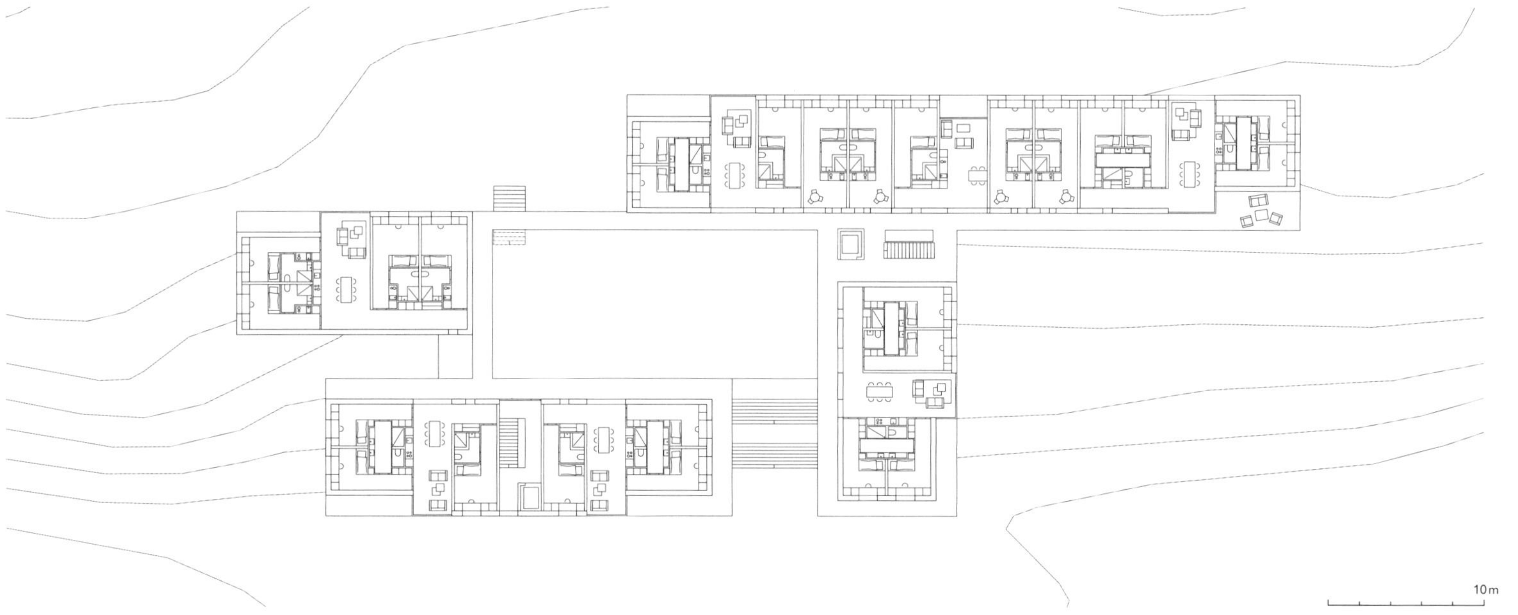
10 m

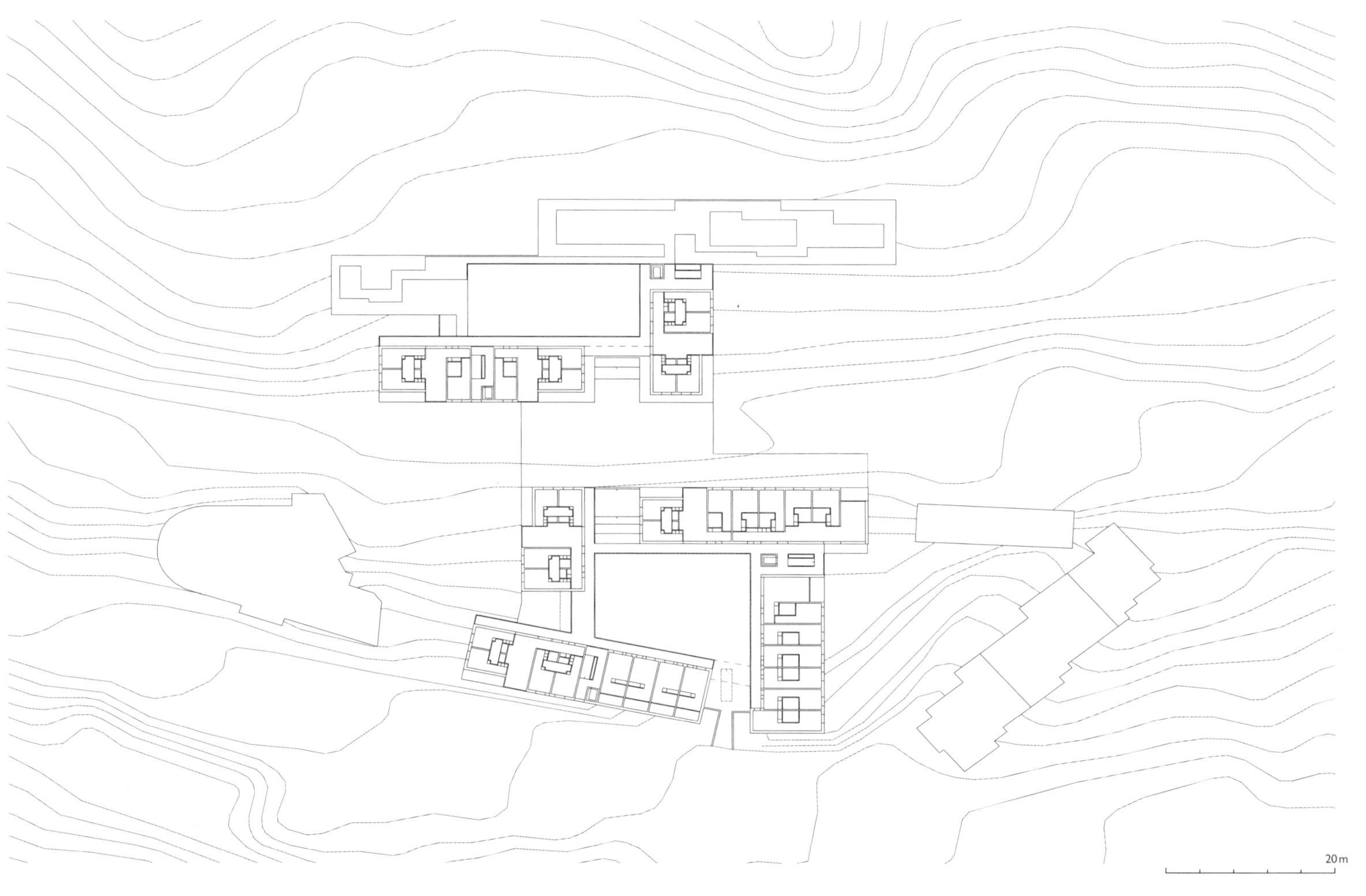
20 m

15 m

## HAUS DER FREUNDE, BUCHS

Nachhaltig sozial

## HAUS DER FREUNDE, BUCHS

**Sustainably social**

Die philanthropische Haltung der Auftraggebenden prägte die Planung dieser zwei Mehrfamilienhäuser. In enger Zusammenarbeit mit den Auftraggebenden führt die Wahl natürlicher Baustoffe zu einer nachhaltigen Umsetzung ohne Kunst- und Verbundstoffe. Sorgfältig in das Quartiergebiet eingebettet, sind die zwei Ersatzneubauten in Holz und Lehm gehalten.

Als Quader mit Steildach verläuft das Haus «Holz» quer zur Quartierstrasse. Abgesehen vom Treppenhauskern formen vorgefertigte Holzbauelemente das Erscheinungsbild. Die Fassade gliedert sich in drei Teile; hin zur Quartierstrasse nimmt die Holzfassade mittels Horizontallattung, Gesimsen, Friesen sowie Holzklappläden die lokale historische Architektursprache auf. Die Nordseite mit Vertikallattung und Holzschiebeläden versteht sich als zeitgemässe Neuinterpretation der Strassenseite. Der in Metall gekleidete zentrale Gebäudekörper beherbergt das Treppenhaus, Loggien und gemeinschaftliche Balkone. Er durchdringt progressiv beide Holzfassaden.

Das Haus «Lehm» besteht aus drei Etagen und einem Attikageschoss. Der Treppenhauskern und die Geschossdecken sind aus recyceltem Beton errichtet. Aussen zeigt sich das Gebäude mit seiner vorfabrizierten Stampflehmfassade in archaischer Eleganz. Die Lehmelemente haften mittels Holzprofilen an Raumgittern. So entsteht die Sekundärstruktur und thermische Hülle. Eichenfenster mit bronzenen Metallzargen strukturieren die Lochfassade. Die horizontale Gliederung der Gebäudeoberfläche mittels Ziegelleisten verweist wiederum auf die regionale Architektursprache.

**The philanthropic nature of the client shaped the planning of these two apartment buildings. In close collaboration with the client, the choice of natural materials led to the sustainable implementation without artificial or composite materials. Gently embedded into the neighbourhood, the two replacement buildings are made of wood and clay.**

**The wooden volume with a steep roof runs perpendicular to the neighbourhood street. Apart from the staircase core, prefabricated wooden elements define its appearance. The façade has a tripartite structure; towards the neighbourhood street, the wooden façade assumes the local historical architectural language by means of horizontal lathing, cornices, friezes and wooden shutters. The north side with vertical lathing and sliding sun blinds is grasped as a contemporary reinterpretation of the street side. The metal-clad central section accommodates the staircase, loggias and communal balconies. It progressively penetrates both wooden façades.**

**The clay building consists of three floors and an attic level. The staircase core and the ceilings are made of recycled concrete. Outside, the building with its prefabricated, rammed clay façade expresses an archaic elegance. The clay elements are attached to the spatial grid using wooden profiles. This creates the secondary structure and thermal envelope. Oak windows with bronze metal frames structure the punctuated façade. Bands of tiles structure the building's surface horizontally, highlighting the regional architectural language.**

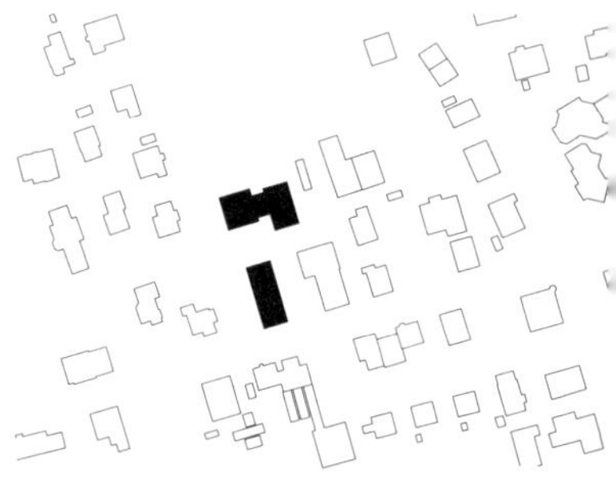

Planung und Ausführung: 2021–2023
Auftraggebende: Katvan Immo AG
Lehmbau: Martin Rauch – Lehm Ton Erde Baukunst GmbH, Schlins
Landschaftsarchitektur: Vital Bucher Landschaftsarchitekt, Esslingen
Holzbau / Brandschutz: Pirmin Jung Schweiz AG, Sursee
Projektleitung Entwurf: David Gschwend
Projektleitung: Stephan Strässle
Projektteam: Jost Indermaur, Nicolas Pracht, Onur Bulut
Baumanagement: Nevzad Hamzić

**Planning and construction: 2021–2023**
**Client: Katvan Immo AG**
**Loam construction: Martin Rauch – Lehm Ton Erde Baukunst GmbH, Schlins**
**Landscape architecture: Vital Bucher Landschaftsarchitekt, Esslingen**
**Wood construction / Fire safety: Pirmin Jung Schweiz AG, Sursee**
**Project management, design: David Gschwend**
**Project management: Stephan Strässle**
**Project team: Jost Indermaur, Nicolas Pracht, Onur Bulut**
**Construction management: Nevzad Hamzić**

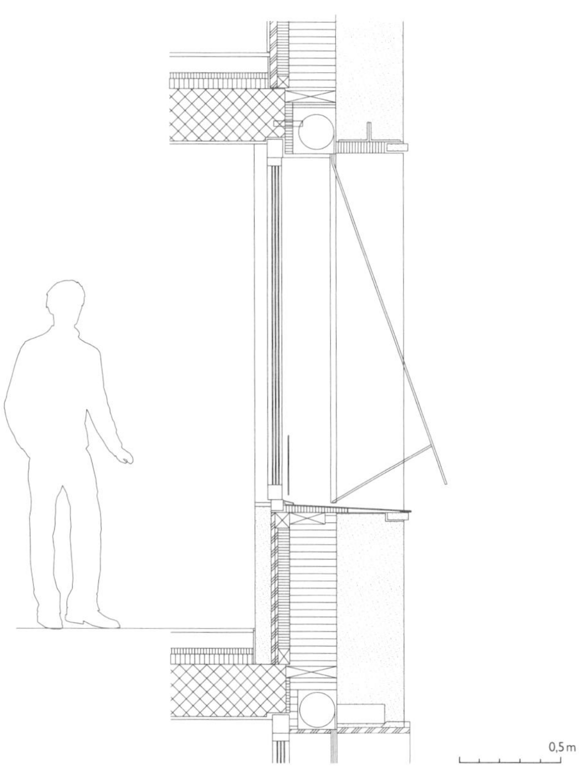

4m

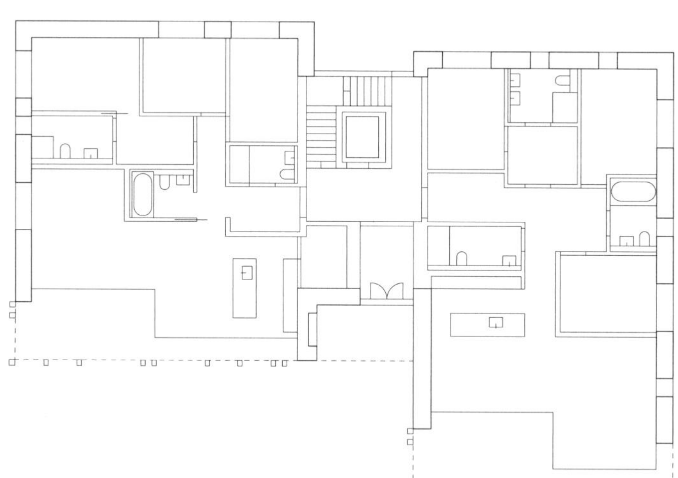

## CAMPUS TOWER NTB, BUCHS
Zentrale Identifikation

## CAMPUS TOWER NTB, BUCHS
**Central identification**

Der Neubau ergänzt die bestehenden Schul- und Hochschulgebäude zu einem Campus mit zentralem Platz. Nebst den Studierendenunterkünften und den Zimmern für Dozierende und Gäste beherbergt das Gebäude auch das öffentliche Restaurant und Café. Hier entsteht die neue Begegnungszone für die Fachhochschule Ost, das Berufs- und Weiterbildungszentrum Buchs Sargans und das Zentrum Präzisionsindustrie Alpenrheintal.

In Systemholzbauweise konzipiert, bildet die Holzfassade einen weichen Kontrast zu den harten Oberflächen der bestehenden Gebäude. Das Volumen ist in schlanker Struktur zum Hochpunkt geformt. Es ist auf dem zweigeschossigen Sockel erstellt, der den Terrainversprung auf dem Areal ausgleicht. Dazu dienen Sitzstufen, die Aussen- und Innenraum des Towers miteinander verbinden und das Niveau zwischen dem Campusplatz und dem höher gelegenen Pausenplatz des Weiterbildungszentrums überwinden. So entsteht ein kollektives Raumgefühl. Auf den Sitzstufen können Lehrende und Lernende leger Meetings abhalten.

Durch Lufträume und Galerien entstehen im öffentlich genutzten Sockel des Gebäudes spannende Raumabfolgen und intensive Blickbeziehungen. In den unteren zwei Etagen des Turms befinden sich die Vierer-Wohngruppen mit ihren Gemeinschaftsbereichen. In den darauffolgenden fünf Stockwerken sind die Appartements und Studios gemischt angeordnet. Die Zugänge zum Erdgeschoss erfolgen über den Campusplatz. Jede Funktionseinheit erhält eine unabhängige Adresse.

Der neue Platz unterbricht die Durchgangsstrasse. Inselartige Elemente entschleunigen den Verkehr und sorgen mit Grünflächen, Bäumen und Wasserflächen für Aufenthaltsqualität.

**The new facility supplements the existing school and university building to form a campus with a central square. In addition to student accommodation and rooms for lecturers and guests, the building also houses the public restaurant and café. A new gathering area is being created here for the Fachhochschule Ost, the Buchs Sargans vocational and further training school and the Zentrum Präzisionsindustrie Alpenrheintal.**

**Conceived as a system timber construction, the soft wooden façade contrasts with the hard surfaces of the existing building. The volume is shaped as a slim structure to form a high point. It is built on a two-storey base that compensates for the terrain's elevation differences. Seating steps are used for this purpose, connecting the exterior and interior of the tower, while also overcoming the difference in the levels of the campus square and the higher schoolyard of the further training centre. The result is a collective spatial atmosphere. Teachers and students can have relaxed meetings on the seating steps.**

**Exciting spatial sequences are created through open spaces and galleries in the publicly used base of the building, offering intense visual relationships. The four-person residential groups are situated on the tower's two lower levels, including communal areas. On the five floors above them, apartments and studios are arranged in a mixed order. The entrances to the ground floor are situated on the campus square. Each functional unit is given a separate address.**

**The new square interrupts the thoroughfare. Insular elements slow down the traffic and offer green spaces, trees and water areas to ensure a good quality of stay.**

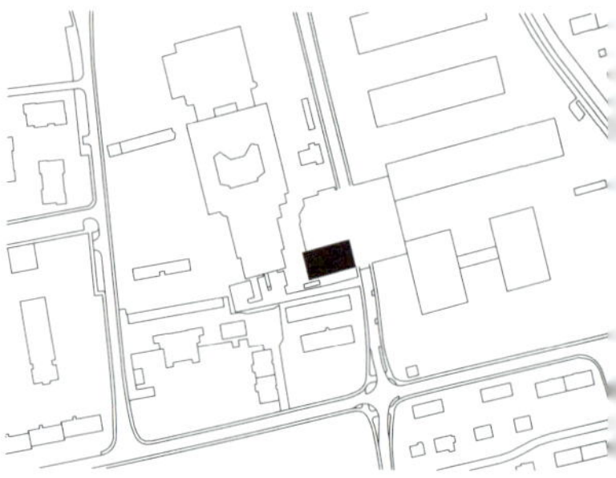

Wettbewerb 2020, 1. Preis
Planung: 2021–
Auftraggebende: NTB-Studienstiftung Buchs
Statik: Gruner Wepf AG
Holzbauingenieur: Pirmin Jung Schweiz AG, Sursee
Landschaftsarchitektur: Martin Klauser Landschaftsarchitekt HTL / BSLA, Rorschach
Nachhaltigkeitskonzept: Lemon Consult AG, Zürich
Projektleitung: Lukas Brachmann

**Competition 2020, 1st Prize**
**Planning: 2021–**
**Client: NTB-Studienstiftung Buchs**
**Statics: Gruner Wepf AG**
**Wood construction engineer: Pirmin Jung Schweiz AG, Sursee**
**Landscape architecture: Martin Klauser Landschaftsarchitekt HTL / BSLA, Rorschach**
**Sustainability concept: Lemon Consult AG, Zurich**
**Project management: Lukas Brachmann**

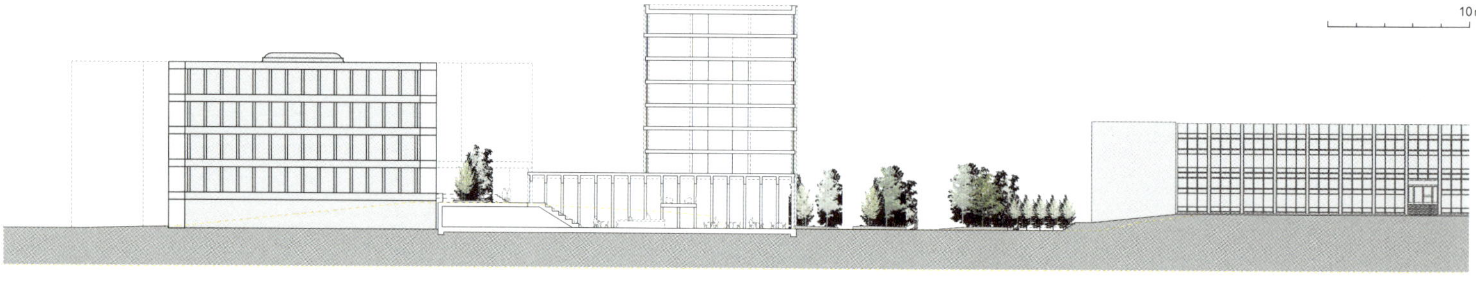

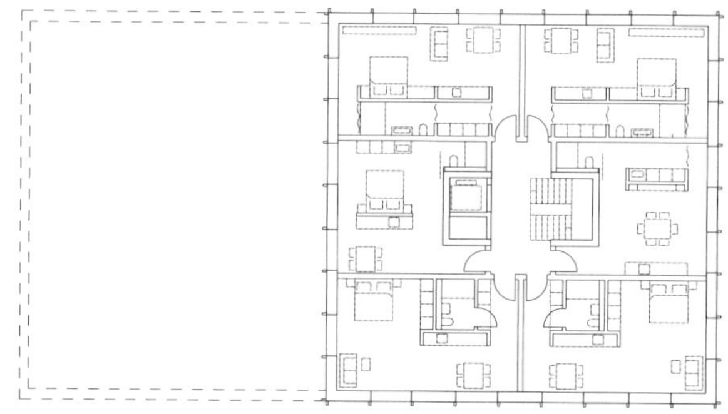

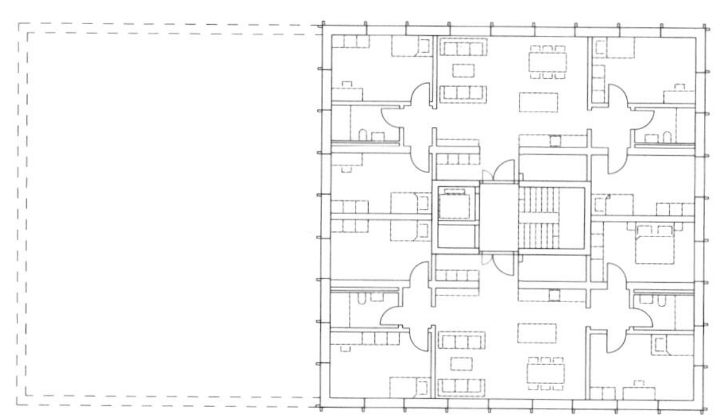

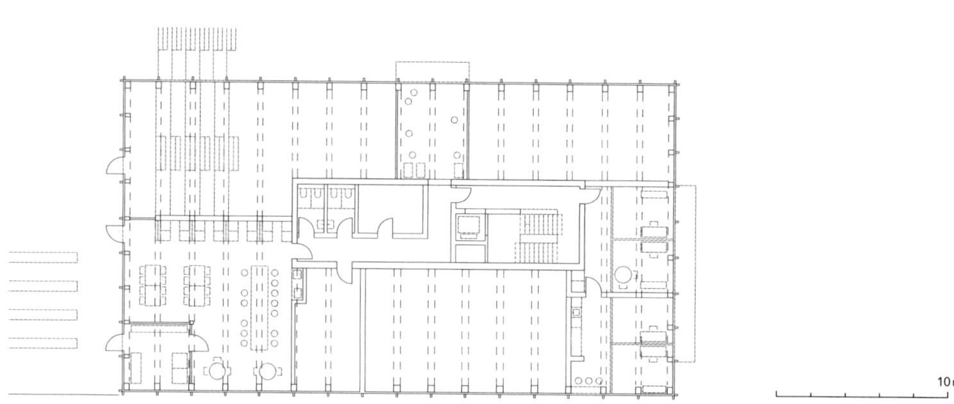
10 m

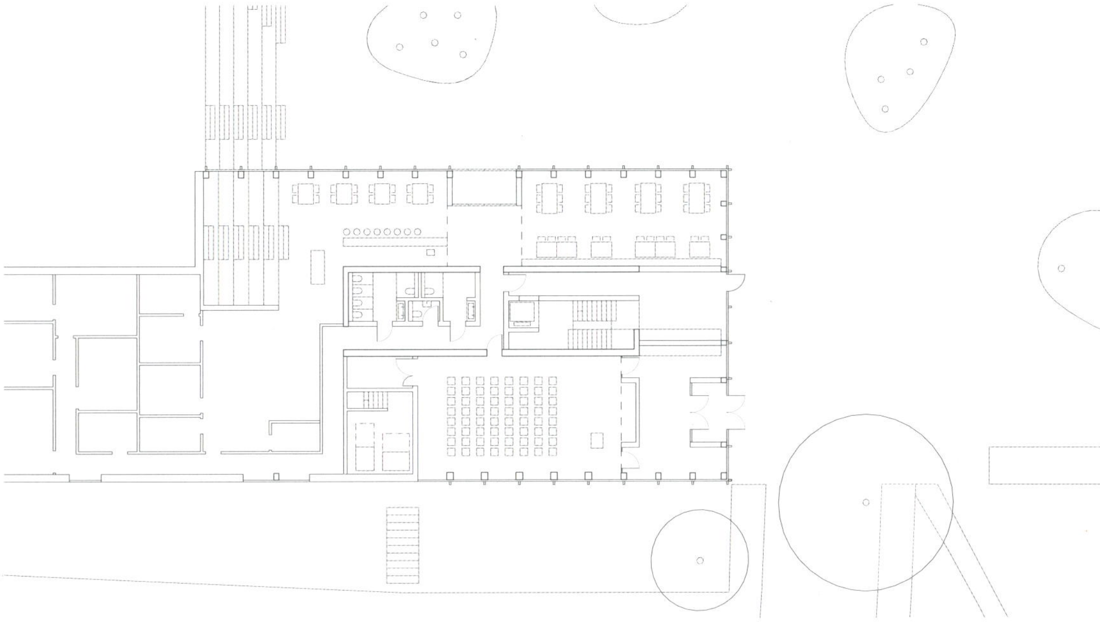

## LA NAVE, BUCHS
Schule mit Horizont

Die kleine zukunftsgerichtete Bildungsinstitution in Buchs steht am Rande der Stadt mit Blick auf den Naturraum und die Berge. Diese Umgebung spiegelt sich auch im Inneren des Gebäudes mit ineinandergreifenden Lernlandschaften wider.

Die jüngste Lerngruppe nimmt im untersten Stockwerk Unterricht. In den oberen Etagen befinden sich die jeweils höheren Lernstufen. Somit durchläuft jeder Schüler und jede Schülerin während der Ausbildung das Gebäude von unten nach oben. Alle Schulstufen sind durch eine zentral angelegte Sitztreppe miteinander verbunden. Flankiert von einer Schulbibliothek können hier die Kinder und Jugendlichen ihr Wissen selbstständig erweitern. Als spielerisches Element verbindet eine Rutschbahn die oberen Geschosse. Zudem führt der Aufgang im letzten Geschoss nach draussen und verknüpft den Innen- mit dem Aussenraum auf dem Dach. Die Sitztreppe auf der Dachterrasse dient als Freiluft-Schulzimmer und ist mit Lernlandschaften bespielbar.

Im Erdgeschoss befindet sich die Aula. Direkt angrenzend ergänzt die Schulküche das Raumprogramm. Im Gebäude sind Rückzugsnischen und Lernbereiche verteilt. Im Untergeschoss ist das «Brütwerk» untergebracht. Diese Tüftelwerkstatt wird als Werkunterrichtsraum genutzt, steht den Schülern und Schülerinnen aber auch während der unterrichtsfreien Zeit für Projekte zur Verfügung.

Materialität und Architektursprache korrespondieren mit dem vielfältigen Lernangebot. Unterschiedlich grosse Holzschindeln an der Fassade und die freien Fensterformen symbolisieren subtil die Einzigartigkeit jedes Kindes.

## **LA NAVE, BUCHS**
**A school with a horizon**

**The small, pioneering educational institution in Buchs is situated on the outskirts of the town, with a view of the natural scenery and the mountains. The environment is also reflected inside the building, with interweaving learning landscapes.**

**The youngest learning group is taught at the bottom, while the higher floors are used by the upper school years. In this way, each pupil moves from the bottom to the top of the building during their school careers. All years are connected by spacious, central seating steps. Flanked by the school library, the children and adoescents can also expand their knowledge autonomously. The playful element of a small slide connects the upper floors. The staircase on the top floor also leads outside, thereby connecting the indoor space and the outdoor rooftop. The seating steps on the rooftop terrace serve as an open-air classroom and can be equipped with learning landscapes.**

**An assembly hall is situated on the ground floor. The directly adjoining school canteen supplements the spatial programme. Niche-retreats and learning areas are scattered throughout the building. The basement houses the so-called "breeding ground" ("Brütwerk"). This DIY workshop is used by pupils during practical lessons, but is also available to pupils during their free time for project work.**

**The materiality and architectural language correspond to the diverse educational range on offer. Differently sized wooden shingles on the façade and free window forms subtly symbolise the individuality of each child.**

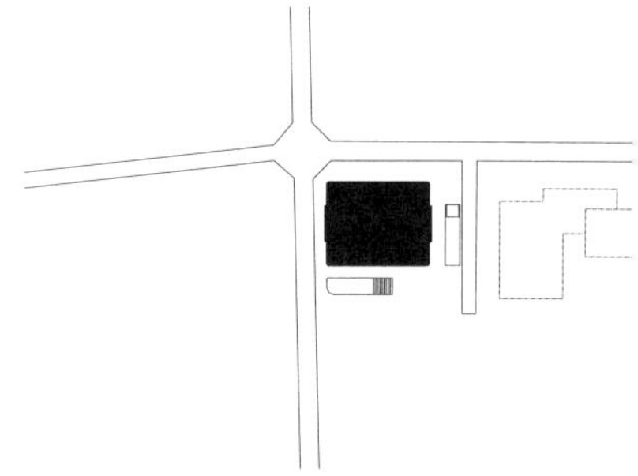

Planung und Ausführung: 2019–2024
Auftraggebende: Katvan Immo AG
Holzbauingenieur: Pirmin Jung Schweiz AG, Sargans
Landschaftsarchitektur: Vital Bucher Landschaftsarchitekt, Esslingen
Projektleitung Entwurf: David Gschwend
Projektleitung Ausführung: Diego Rosafio
Projektteam: Fabian Geiger, Mario Vlahovic, Luigi Vitale
Baumanagement: Nevzad Hamzić, Onur Bulut

**Planning and construction: 2019–2024**
**Client: Katvan Immo AG**
**Wood construction engineer: Pirmin Jung Schweiz AG, Sargans**
**Landscape architecture: Vital Bucher Landschaftsarchitekt, Esslingen**
**Project management, design: David Gschwend**
**Project management, construction: Diego Rosafio**
**Project team: Fabian Geiger, Mario Vlahovic, Luigi Vitale**
**Construction management: Nevzad Hamzić, Onur Bulut**

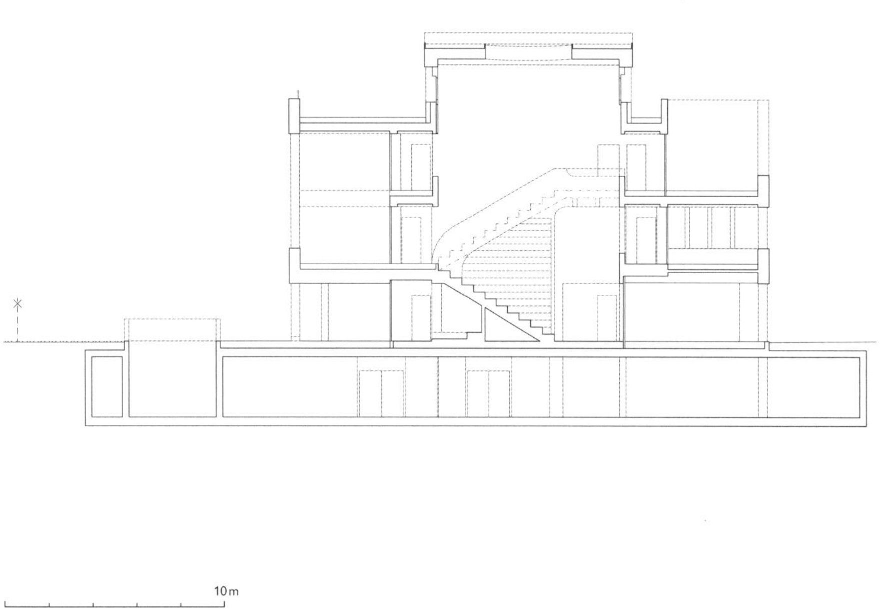

La
Nave

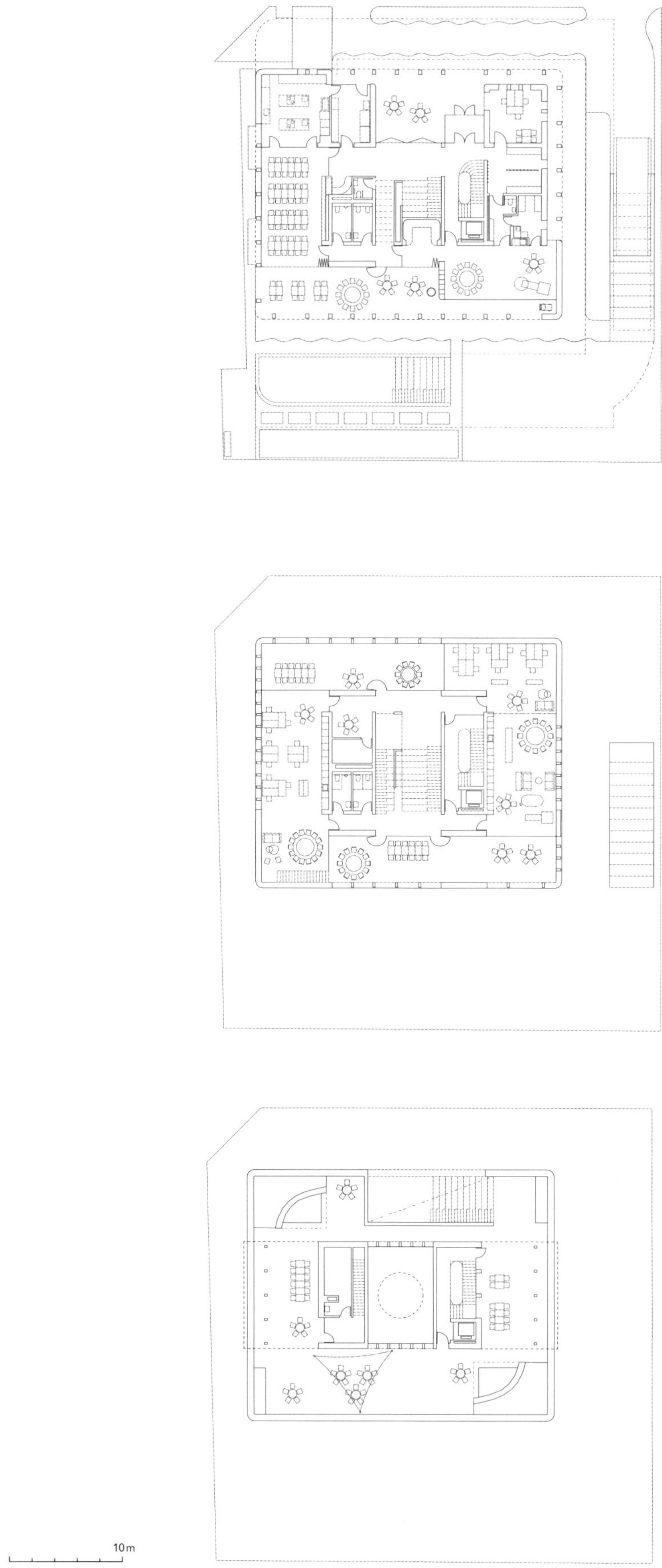
10 m

Stützenprofil regulär (Obergeschosse)
**Regular support profile (upper floors)**

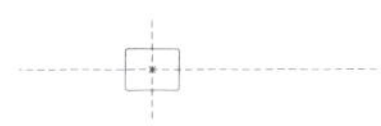

Stützenprofil Verglasung (Obergeschosse)
**Glazing support profile (upper floors)**

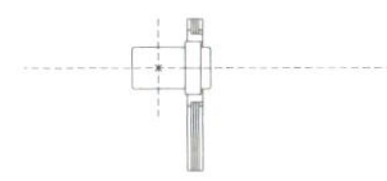

Stützenprofil regulär (Erdgeschoss)
**Regular support profile (ground floor)**

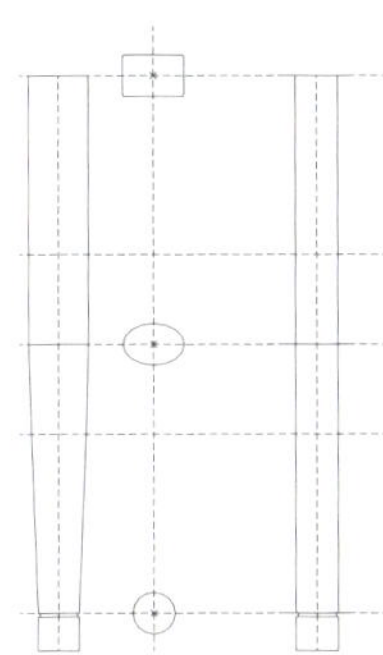

Stützenprofil Verglasung (Erdgeschoss)
**Glazing support profile (ground floor)**

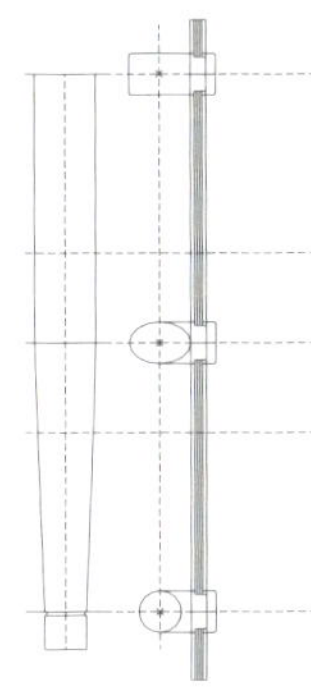

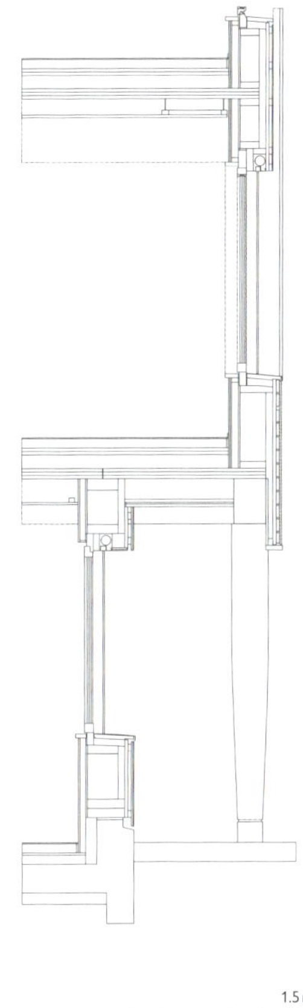

## ARRIVÉE, HORN
Ankommen am See

## ARRIVÉE, HORN
**Arrival at the lake**

Die Siedlung liegt auf einem der letzten freien Seegrundstücke direkt am Ufer des Bodensees. Das Freiheitsgefühl, das dieser Ort vermittelt, ist in jeder Wohneinheit und auf dem gesamten Gelände spürbar.

Es galt als Prämisse, möglichst allen Wohnungen den Blick auf den See zu bieten – auch im Bereich der höheren Bebauungstiefe im westlichen Teil des Areals. Die hochwertigeren Eigentumswohnungen liegen mit unverbaubarem Blick auf das Wasser an der Seefront. In zweiter Reihe und doch mit grosszügigen Durchblicken befinden sich die Mietwohnungen. Bei der Zufahrt zur Kantonshauptstrasse schaffen die zurückversetzten Bauvolumen einen Hof hin zur Stadt.

Die Anordnung der Baukörper betont die exklusive Lage des Wohnraums am See, dessen Weite überall in der Siedlung präsent ist. Umlaufende Balkone nehmen diese Offenheit auf und überführen sie in die grosszügig angelegten Wohn- und Essräume, die wiederum die privaten Räume diskret abschirmen.

Hin zum See erweitern die Balkone und Loggien die Innenräume. Die «Boxen» mit den Privaträumen bilden die Grundstruktur; zwischen ihnen spannen sich die jeweiligen Wohnflächen auf. Balkone, die in ihren Tiefen variieren, lockern die gleichmässigen Fassaden auf. Zudem ermöglichen diese Auskragungen, dass die Bewohnerinnen und Bewohner einen Schritt aus der eigentlichen Gebäudehülle machen können, um die Umgebung unmittelbar zu erleben.

**The estate is situated at one of the last open lakeside plots directly on the shore of Lake Constance. The location's sense of freedom is tangible in each housing unit and throughout the grounds.**

**The premise was to offer all apartments a view of the lake – also in the areas of greater development depth on the western side of the plot. The high-quality owner-occupied apartments are situated with an unobstructed view by the lakeside where no development will be able to obstruct the view. The second row of housing, which accommodates the rented apartments, still has generous vistas onto the water. At the drive to the cantonal main road, the recessed buildings create a courtyard towards the city.**

**The arrangement of volumes highlights the exclusive location of the lakeside housing, its expanse pervading the entire neighbourhood. Surrounding balconies pick up on this openness and guide it into the spaciously designed living and dining rooms, which for their part discreetly shield the private rooms.**

**Towards the lake, the balconies and loggias extend the interior space. The "boxes" with the private rooms form the relevant underlying structure; the respective living spaces are spanned between them. Balconies at varying depths loosen up the regular façades. These canopies allow residents to step out of the actual building shell to experience the surroundings directly.**

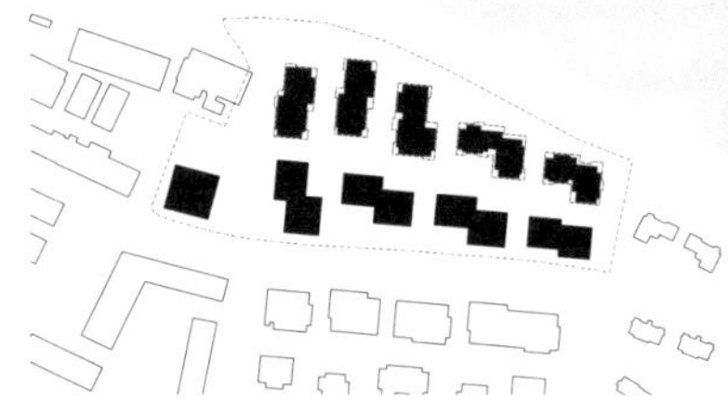

Wettbewerb 2021, 1. Preis
Planung: 2021–
Auftraggebende: Mettler2Invest AG, St. Gallen
Landschaftsarchitektur:
parbat Landschaftsarchitektur GmbH, Appenzell / St. Gallen
Projektleitung Entwurf: David Gschwend
Projektteam: Lukas Brachmann, Holger Fritz
Projektleiter Ausführung: Roman Österle

**Competition: 2021, 1st Prize**
**Planning: 2021–**
**Client: Mettler2Invest AG, St. Gallen**
**Landscape architecture:**
**parbat Landscape architecture GmbH, Appenzell / St. Gallen**
**Project management, design:**
**David Gschwend**
**Project team: Lukas Brachmann, Holger Fritz**
**Project manager, construction:**
**Roman Österle**

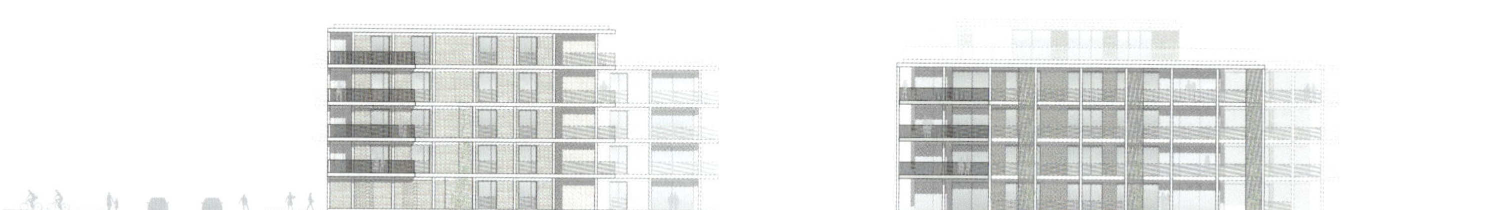

20 m

WERKVERZEICHNIS
Auswahl Bauten, Projekte und Wettbewerbe

| | | |
|---|---|---|
| 1993 | | Sparta. Elf Reiheneinfamilienhäuser, Widnau |
| 1995 | 1 | Wohn- und Bürohaus SoHo, Widnau |
| 1996 | | Siedlung Prosa, Au |
| 1997 | | Schlafhaus Nave, *Kunst in der Stadt*, Bregenz<br>Studienauftrag Maquettes – vier Welten, *expo.01*, Biel, Murten, Neuchâtel, Yverdon-les-Bains |
| 1998 | | Szenografie, *expo.01*, Yverdon-Neuchâtel-Murten (mit Barbara List, Marion Kalmer, Tina Flieger, Konstantin Lauber) |
| 2000 | | Haus für einen Kunstsammler, Hardturmstrasse 5, Zürich (mit Pipilotti Rist und Marco Koeppel; Wettbewerb 2000, 1. Preis) |
| 2002 | | Aua Extrema – Ostschweizer Pavillon, *expo.02*, Neuenburg |
| 2004 | | Erweiterung Weinkeller – Gasthaus zum Gupf, Rehetobel<br>Wohnbebauung Zehntfeld, Widnau |
| 2005 | 2 | Stadtlounge, St. Gallen (mit Pipilotti Rist, Wettbewerb 2003, 1. Preis)<br>Cashbox der St. Galler Kantonalbank, Widnau / St. Gallen<br>Messestand der EgoKiefer AG für die Swissbau, Basel<br>Umbau und Erweiterung Hotel Metropol, Arbon (mit Arthur Baumgartner; Wettbewerb 2005, 1. Preis) |
| 2006 | | Siedlung Mariposas – 55 Wohnungen in farbigen Kleidern, Widnau<br>Jüstrich Cosmetics AG, Berneck – Produktion und Forschung |
| 2007 | 3 | Konzept und Innenausbau Customer Center für die Bühler AG, Uzwil (Wettbewerb 2006, 1. Preis) |
| 2008 | | Erweiterung und Umbau Gasthaus Bad Balgach, Balgach<br>Umbau Hypo Vorarlberg, Bankgasse 1, St. Gallen |
| 2009 | 4 | Baumann Küchen AG, Berneck<br>HEMAG Balgach AG, Balgach<br>Wettbewerb Stadtentwicklung VISPA mit Pipilotti Rist, Kopenhagen<br>Wettbewerb Headquarters Würth, Rorschach (mit Arthur Baumgartner und Willi Lässer)<br>Erweiterung und Umbau Peter Indermaur Reb- und Weingut Maienhalde, Berneck |
| 2010 | | Wohn- und Bürohaus Der Generator, Berneck |
| | 5 | Aufstockung Heinrichstrasse für die Familie Held, Zürich |
| | 6 | Lichtdecken für Jean Nouvel, Praterstraße 1, Wien (mit Pipilotti Rist) |
| 2011 | 7 | Einfamilienhaus Open House, Untereggen |
| | 8 | Wettbewerb Avaloq, Zürich |
| 2012 | 9 | Headquarters Sonnenbau Gruppe, Diepoldsau<br>Kurhaus Oberwaid, St. Gallen |
| | 10 | Erweiterung und Umbau St. Galler Kantonalbank, Diepoldsau<br>Wohnüberbauung Ursulinengarten, Salzburg<br>Einfamilienhaus S, Widnau |
| 2014 | | Erweiterung Hotel Säntispark, Abtwil (Wettbewerb 2009, 1. Preis nach Überarbeitung)<br>Wohnüberbauung LIVING, Berneck<br>Secli Weinwelt, Buchs |
| 2015 | | Industriecity Schützenwiese, Kriessern (Wettbewerb 2011, 1. Preis)<br>Wettbewerb Gefängnis, Altstätten<br>Brückenprojekt Schlifisteg, Berneck (nicht ausgeführt) |
| | 11 | Wohnüberbauung Sonnenberg, Abtwil<br>Umbau Clientis Biene Bank, Widnau ( Wettbewerb 2014, 1. Preis)<br>Wettbewerb Raiffeisenbank, Gossau<br>Wettbewerb Museum des 20. Jahrhunderts, Berlin<br>Wettbewerb Hof zu Wil, Wil<br>Einfamilienhaus S + R, Untereggen |
| 2016 | | Wettbewerb Altersheim Feldhof, Oberriet |

1

2

3

5

4

6

7

8

9

11

10

12

13

14

LIST OF WORKS

Selection of buildings, projects and competitions

| | | |
|---|---|---|
| 1993 | | Sparta, eleven terraced family homes, Widnau |
| 1995 | 1 | SoHo residential and commercial building, Widnau |
| 1996 | | Prosa estate, Au |
| 1997 | | Nave dormitory, Kunst in der Stadt, Bregenz |
| | | Contracted study and maquettes, four worlds, expo.01, Biel, Murten, Neuchâtel, Yverdon-les-Bains |
| 1998 | | Scenography, expo.01, Yverdon-Neuchâtel-Murten (with Barbara List, Marion Kalmer, Tina Flieger, Konstantin Lauber) |
| 2000 | | House for an art dealer, Hardturmstrasse 5, Zurich (with Pipilotti Rist and Marco Koeppel, competition in 2000, 1st Prize) |
| 2002 | | Aua Extrema – Eastern Swiss Pavilion, expo.02, Neuenburg |
| 2004 | | Extension, wine cellar, Gasthaus zum Gupf, Rehetobel |
| | | Residential development, Zehntfeld, Widnau |
| 2005 | 2 | Urban Lounge, St. Gallen (with Pipilotti Rist, competition in 2003, 1st Prize) |
| | | Cashbox, St. Gallen Cantonal Bank, Widnau / St. Gallen |
| | | Trade fair stand, EgoKiefer AG for the Swissbau, Basel |
| | | Hotel Metropol conversion and extension, Arbon (with Arthur Baumgartner; competition 2005, 1st Prize) |
| 2006 | | Mariposas estate – 55 apartments in colourful outfits, Widnau |
| | | Jüstrich Cosmetics AG, Production and Research, Berneck |
| 2007 | 3 | Concept and interior fittings, Customer Centre, Bühler AG, Uzwil (competition in 2006, 1st Prize) |
| 2008 | | Extension and conversion, Gasthaus Bad Balgach, Balgach |
| | | Conversion, Hypo Vorarlberg, Bankgasse 1, St. Gallen |
| 2009 | 4 | Baumann Küchen AG, Berneck |
| | | HEMAG Balgach AG, Balgach |
| | | Competition, VISPA urban development with Pipilotti Rist, Copenhagen |
| | | Competition, Würth Headquarters, Rorschach (with Arthur Baumgartner and Willi Lässer) |
| | | Extension and conversion, Peter Indermaur Reb- und Weingut Maienhalde, Berneck |
| 2010 | | Generator residential and office building, Berneck |
| | 5 | Heightening measure, Held family, Heinrichstrasse, Zurich |
| | 6 | Illuminated ceiling, Jean Nouvel, Praterstrasse 1, Vienna (with Pipilotti Rist) |
| 2011 | 7 | Open House single-family home, Untereggen |
| | 8 | Competition, Avaloq, Zurich |
| 2012 | 9 | Sonnenbau Gruppe Headquarters, Diepoldsau |
| | | Kurhaus Oberwaid, St. Gallen |
| | 10 | Extension and conversion, St. Gallen Cantonal Bank, Diepoldsau |
| | | Ursulinengarten housing development, Salzburg |
| | | Single-family home S, Widnau |
| 2014 | | Extension, Hotel Säntispark, Abtwil (competition in 2009, 1st Prize following revision) |
| | | LIVING housing development, Berneck |
| | | Secli Weinwelt, Buchs |
| 2015 | | Industriecity Schützenwiese, Kriessern (competition in 2011, 1st Prize) |
| | | Prison competition, Altstätten |
| | | Schlifisteg bridge project, Berneck (not constructed) |
| | 11 | Sonnenberg housing development, Abtwil |
| | | Conversion, Clientis Biene Bank, Widnau (competition in 2014, 1st Prize) |
| | | Competition, Raiffeisenbank, Gossau |
| | | Competition, Museum of the 20th Century, Berlin |
| | | Competition, Hof zu Wil, Wil |
| | | S + R single-family home, Untereggen |
| 2016 | | Competition, Feldhof senior citizens' home, Oberriet |

| | | |
|---|---|---|
| | 12 | Erweiterung und Umbau Musikzimmer, Berneck |
| | | Quartierentwicklung Neustadt – Urbain, Rorschach |
| | | Wohn- und Gewerbehaus Central, Steinach |
| | | Wettbewerb Erweiterung Regierungsgebäude, Frauenfeld |
| | | Projekt für die Umnutzung der Kirche St. Mangen, St. Gallen |
| | | Augenklinik Bellavista, Speicher |
| 2017 | | Städtebauliche Entwicklungsstudie Streuli-Areal, Uznach |
| | | Wohn- und Geschäftshaus ABITAR, Kreuzlingen |
| | | Hotel Revier, Lenzerheide (Wettbewerb 2015, 1. Preis) |
| | 13 | Erweiterung Hausanbau Vogt, Balzers |
| | | Erweiterung Augenklinik Scarpatetti, Operationssaal und Sterilisation, Teufen |
| | | Wohn- und Geschäftshaus Albin Pedrotti Haus, Rorschach |
| | 14 | Wettbewerb Swiss Business Hub, Seoul |
| | | Wettbewerb Neubau Benninger Areal, Uzwil |
| | | Wettbewerb Renovierung Dorfzentrum, Au |
| 2018 | 15 | Wohn- und Geschäftshaus «LIVE», Heerbrugg |
| | | Forschungsgebäude für SINOPEC, Peking |
| | | Headquarters Lässer AG, Diepoldsau |
| | | Haus des Weins, Berneck (Wettbewerb 2015, 1. Preis) |
| | | Stadthaus Seehof, Rorschach |
| | | Wohnüberbauung Pestalozzi, Rorschach |
| | | Wohnüberbauung Wohnen am Schwalbenweg, Balgach |
| | 16 | Wettbewerb Seminarpark Hotel Hof, Weissbad |
| | | Umbau Restaurant Steiniger Tisch, Thal |
| | | Gestaltung Alphaplatz, Berneck |
| | | Wohnüberbauung Magnolia, Neukirch-Egnach |
| 2019 | | Bühler Innovation Campus CUBIC, Uzwil (mit UZE AG) |
| | 17 | Erweiterung und Umbau Schulhaus Ebenholz, Vaduz (mit Alex Buob; Wettbewerb 2016, 1. Preis) |
| | | Wohnüberbauung Menzi Park, Widnau |
| | | Raiffeisenbank, Oberriet |
| | | Migros, Heiden (mit Alex Buob; Wettbewerb 2017, 1. Preis) |
| | | Wettbewerb Areal Stadtsäge, St. Gallen |
| | 18 | Wettbewerb HB-Therm AG, St. Gallen |
| | 19 | Wettbewerb Altersheim Geserhus, Rebstein (mit Alex Buob; Wettbewerb 2019, 1. Preis) |
| | | Wohn- und Geschäftshaus Bahnhofstrasse 17+17a, Widnau |
| | | Bühler Application Center, Uzwil |
| | | Wohnüberbauung Freiwisen, Andelfingen |
| 2020 | | Knies Zauberhut im Kinderzoo, Rapperswil (Wettbewerb 2018, 1. Preis) |
| | | Rehaklinik, Zihlschlacht |
| | | Studienauftrag La Cala de Panama, Chepo |
| | 20 | Sportzentrum Tägeren, Au |
| | | Wettbewerb LOLA Feuerwehrstrasse, Rorschach |
| | | Wettbewerb Casinopark, Herisau (2. Preis ) |
| | 21 | Wettbewerb Unteroffiziersschule, Herisau |
| 2021 | 22 | Kinderarztpraxis und Garderoben am Sportplatz, Rorschach |
| | | Wettbewerb Arrivée, Wohnüberbauung und Gewerbe, Horn (1. Preis) |
| | 23 | Wohnüberbauung Lumina, Hybridholzbau, Berneck |
| 2022 | | Wohnüberbauung Signalstrasse 23, Rorschach |
| | | Laufende Projekte: |
| | | Wohnüberbauung Werft, Steinach (Wettbewerb 2022, 1. Preis) |
| | | Wohnüberbauung Haus der Freunde an der Groffeldstrasse, Buchs |
| | 24 | Umgestaltung Bus- und Bahnhofplatz, Heiden (Wettbewerb 2021, 1. Preis) |
| | | Privatschule La NAVE, Buchs |
| | | Industriebau Kellenberger AG, Goldach |
| | 25 | Headquarters der GFT und der Egger Transporte AG, St. Gallen |
| | | Haus Navan, Rorschach |
| | | Überbauung Langmoos, Rorschacherberg |
| | | Romeo & Julia, St. Gallen (Wettbewerb 2019 / 2020, 1. Preis) |
| | | Wohnen Areal Bruag, Güttingen (Wettbewerb 2020, 1. Preis) |
| | | Campus Tower NTB, Buchs (Wettbewerb 2020, 1. Preis) |
| | | Wettbewerb Arrivée, Wohnüberbauung und Gewerbe, Horn (1. Preis) |
| | 26 | Wohnüberbauung und Gewerbe Santiago, St. Gallen |

15

16

17

18

19

20

21

22

23

24

25

26

12 Extension and conversion, music room, Berneck
Neustadt–Urbain neighbourhood development, Rorschach
Central residential and commercial building, Steinach
Competition, government building extension, Frauenfeld
Conversion project, St. Mangen Church, St. Gallen
Bellavista Eye Clinic, Speicher

**2017**

Urban planning development study, Streuli Areal, Uznach
ABITAR residential and commercial building, Kreuzlingen
Hotel Revier, Lenzerheide (competition in 2015, 1st Prize)
13 Extension, Vogt annexe, Balzers
Extension, Scarpatetti Eye Clinic, operating theatres and sterilisation, Teufen
Residential and commercial building, Albin Pedrotti House, Rorschach
14 Competition, Swiss Business Hub, Seoul
Competition, Benninger Areal new development, Uzwil
Competition, village centre renovation, Au

**2018**

15 "LIVE" residential and commercial building, Heerbrugg
Research building, SINOPEC, Beijing
Lässer AG Headquarters, Diepoldsau
Haus des Weins, Berneck SG (competition in 2015, 1st Prize)
Stadthaus Seehof, Rorschach
Pestalozzi housing development, Rorschach
Wohnen am Schwalbenweg housing development, Balgach
16 Competition, Seminarpark Hotel Hof, Weissbad
Conversion, Restaurant Steiniger Tisch, Thal
Alphaplatz design, Berneck
Magnolia housing development, Neukirch-Egnach

**2019**

Bühler Innovation Campus CUBIC, Uzwil (with UZE AG)
17 Extension and conversion, Ebenholz School, Vaduz (with Alex Buob; competition in 2016, 1st Prize)
Menzi Park housing development, Widnau
Raiffeisenbank, Oberriet
Migros, Heiden (with Alex Buob; competition in 2017, 1st Prize)
Competition, Areal Stadtsäge, St. Gallen
18 Competition, HB-Therm AG, St. Gallen
19 Competition, Geserhus senior citizen's home, Rebstein (with Alex Buob; competition in 2019, 1st Prize)
Residential and commercial building, Bahnhofstrasse 17+17a, Widnau
Bühler Application Center, Uzwil
Freiwisen housing development, Andelfingen

**2020**

Knie Conjurer's Hat, Children's Zoo, Rapperswil (competition in 2018, 1st Prize)
Rehabilitation clinic, Zihlschlacht
Contracted study, La Cala de Panama, Chepo
20 Tägeren sports centre, Au
Competition, LOLA Feuerwehrstrasse, Rorschach
Competition, Casinopark, Herisau (2nd Prize )
21 Competition, non-commissioned officer training school, Herisau

**2021**

22 Paediatrician's practice and sports-facility changing room, Rorschach
Competition Arrivée, residential and commercial development, Horn (1st Prize)
23 Lumina housing development, hybrid wood construction, Berneck

**2022**

Housing development, Signalstrasse 23, Rorschach

Ongoing projects:
Werft housing development, Steinach (competition in 2022, 1st Prize)
Haus der Freunde housing development, Groffeldstrasse, Buchs
24 Redesign, bus and railway station square, Heiden (competition in 2021, 1st Prize)
La NAVE private school, Buchs
Industriebau Kellenberger AG, Goldach
25 Headquarters, GFT and Egger Transporte AG, St. Gallen
Navan House, Rorschach
Langmoos develompent, Rorschacherberg
Romeo & Julia, St. Gallen (competition in 2019 / 2020, 1st Prize)
Areal Bruag housing, Güttingen (competition in 2020, 1st Prize)
Campus Tower NTB, Buchs (competition in 2020, 1st Prize)
Competition Arrivée, residential and commercial development, Horn (1st Prize)
26 Santiago housing and commercial development, St. Gallen

CARLOS MARTINEZ

| | |
|---|---|
| 1967 | Geboren in Widnau |
| | Sohn spanischer Emigranten |
| 1984–1988 | Ausbildung zum Hochbauzeichner |
| 1988–1992 | Architekturstudium am Abendtechnikum, St. Gallen |
| 1992 | Eidgenössisches Diplom als Architekt FH |
| 1993 | Mitglied im Schweizerischen Werkbund |
| 1993 | Gründung des Büros Koeppel & Martinez, Widnau |
| 2003 | Umwandlung in Carlos Martinez Architekten AG |
| 2005 | Eintragung in das Register A der Architekten |
| 2002–2009 | Architektur-Experte der Eidgenössischen Kunstkommission |
| 2007 | Gastprofessor an der Technischen Universität München, Lehrstuhl für Städtebau und Stadtentwicklung |
| 2017 | Auszeichnung des *Foro Europeo Cum Laude* |

RAFFAELE FALIVENA

| | |
|---|---|
| 1966 | Geboren in Salerno |
| 1983–1984 | Baupraktikum bei Lei AG, Herisau |
| 1984–1988 | Ausbildung zum Hochbauzeichner in Herisau |
| 1988–1993 | Architekturstudium am Abendtechnikum St. Gallen |
| 1993 | Eidgenössisches Diplom als Architekt FH |
| 1994 | Mitglied im Swiss Engineering STV |
| 1995 | Mitglied des Schweizerischen Ingenieur- und Architektenvereins (SIA), Arbeitsgruppe für CAD-Strukturen |
| 1988–2008 | Projektleiter bei Bollhalder Eberle Architektur, St. Gallen |
| 2008– | Carlos Martinez Architekten, Leitung Ausführungsprojekte |
| 2010– | Partner bei Carlos Martinez Architekten, zuständig für Ausführungsplanung und Realisation |

MATTHIAS WAIBEL

| | |
|---|---|
| 1976 | Geboren in Graz |
| 1991–1996 | Eidgenössische Matura, Kantonsschule Heerbrugg |
| 1996–2003 | Architekturstudium an der Eidgenössischen Technischen Hochschule Lausanne (EPFL) |
| 1998–1999 | Universität Montreal (UdeM) |
| 1999–2000 | Praktikum bei Studio BAAD Architects, Hebden Bridge |
| 2000–2001 | Praktikum bei Luscher Architectes, Lausanne |
| 2003 | Diplom als Dipl. Architekt École Polytechnique Fédérale de Lausanne (EPFL) |
| 2003–2005 | Architekt bei Luscher Architectes, Lausanne |
| 2006–2007 | Architekt bei Devanthéry & Lamunière Architectes, Genf |
| 2007–2014 | Projektleiter bei Bollhalder Eberle Architektur, St. Gallen |
| 2014– | Carlos Martinez Architekten, Leitung Entwurf |
| 2016– | Partner bei Carlos Martinez Architekten, zuständig für Entwurf und Projektierung |

Carlos Martinez

Raffaele Falivena

Matthias Waibel

## CARLOS MARTINEZ

| | |
|---|---|
| 1967 | Born in Widnau<br>Son of Spanish emigrants |
| 1984–1988 | Apprenticeship as a draughtsman |
| 1988–1992 | Studied Architecture, Abendtechnikum, St. Gallen |
| 1992 | Graduate Architect, FH |
| 1993 | Member, Swiss Werkbund |
| 1993 | Founded the office Koeppel & Martinez, Widnau |
| 2003 | Office renamed Carlos Martinez Architekten AG |
| 2005 | Entered in Register A list of architects |
| 2002–2009 | Architecture expert, Swiss Art Commission |
| 2007 | Guest Professor, Technische Universität München, Chair of Urban Planning and Urban Development |
| 2017 | Award, Foro *Europeo Cum Laude* |

## RAFFAELE FALIVENA

| | |
|---|---|
| 1966 | Born in Salerno |
| 1983–1984 | Construction internship, Lei AG, Herisau |
| 1984–1988 | Apprenticeship as a draughtsman, Herisau |
| 1988–1993 | Studied Architecture, Abendtechnikum St. Gallen |
| 1993 | Graduate Architect, FH |
| 1994 | Member, Swiss Engineering STV |
| 1995 | Member, Swiss Society of Engineers and Architects (SIA), Working Group for CAD structures |
| 1988–2008 | Project Manager, Bollhalder Eberle Architektur, St. Gallen |
| 2008– | Carlos Martinez Architekten, management, construction projects |
| 2010– | Partner at Carlos Martinez Architekten, responsible for construction planning and implementation |

## MATTHIAS WAIBEL

| | |
|---|---|
| 1976 | Born in Graz |
| 1991–1996 | University entrance exam level, Heerbrugg Cantonal School |
| 1996–2003 | Studied Architecture, École Polytechnique Fédérale de Lausanne (EPFL) |
| 1998–1999 | University of Montreal (UdeM) |
| 1999–2000 | Internship, Studio BAAD Architects, Hebden Bridge |
| 2000–2001 | Internship, Luscher Architectes, Lausanne |
| 2003 | Graduated in Architecture, École Polytechnique Fédérale de Lausanne (EPFL) |
| 2003–2005 | Architect at Luscher Architectes, Lausanne |
| 2006–2007 | Architect at Devanthéry & Lamunière Architectes, Geneva |
| 2007–2014 | Project Manager, Bollhalder Eberle Architektur, St. Gallen |
| 2014– | Carlos Martinez Architekten, Head of Design |
| 2016– | Partner, Carlos Martinez Architekten, responsible for design and project planning |

## VORTRÄGE

1994 «Soziales Leben in der Reihenhaussiedlung», Technische Universität München
1998 «Junge Wölfe», Architekturforum Zürich, Zürich
1999 Werkbericht Siedlungsbau, Technische Universität Dresden
Werkbericht Kostengünstiger Wohnungsbau, Technische Universität Berlin
2000 «El hórreo marciano – Schlafhaus NAVE», Colegio Oficial de Arquitectos de Asturias (COAA)
2001 «PROSA – vorfabrizierter Holzbau», 7. Internationales Holzbau-Forum (IHF) Garmisch-Partenkirchen, Garmisch-Partenkirchen, 5.–7. Dezember
2002 «Fassade und Identität», Tag der Architektur, expo.02, 20. Juni, Yverdon-les-Bains
2003 «Symbiose von Kunst und Architektur», ARCO 03, Madrid
2004 «Material und Sinnlichkeit», Universität Konstanz
2006 «Stadtlounge St. Gallen», Symposium Skulptur im Öffentlichen Raum, Graz, 29. September
«Kunst und Bau», ImmoVision St. Gallen
2007 «Bau Dir Deine Stadt», Technische Universität München
Stadtlounge St. Gallen, Kampnagel Hamburg, 2. November
2008 Werkbericht, St. Gallisch-Appenzellische Kraftwerke AG – SAK Forum
2009 «Stadtlounge und der soziale Raum» Stadtbauamt, Kopenhagen
«Expo.01 – Szenografiearbeit», Vortragsreihe an der Universität St. Gallen – Hochschule für Wirtschafts-, Rechts- und Sozialwissenschaften, Internationale Beziehungen und Informatik (HSG), St. Gallen
2010 «Wem gehört der Stadtraum?», Keyspeaker-Workshop über den Umgang mit dem öffentlichen Raum, Helsingborg
2017 «Sinn und SinnLichkeit. Modulbau in Holz, Hotel Revier Lenzerheide», 23. Internationales Holzbau-Forum (IHF) Garmisch-Partenkirchen, 6. Dezember
2018 «Wie begegnet die Architektur dem demografischen Wandel?», Symposium Real Estate 2018, Baden, 13. März
2021 Werkbericht, Veranstaltung Into the Woods, Schweizerische Botschaft in Dänemark, Kopenhagen, 16. September
2022 «Holzbauarchitektur in der Schweiz», Bienal Internacional de Arquitectura – BIARCR. XVI, Arquitectura y resiliencia, Costa Rica, 28. Mai

## AUSZEICHNUNGEN

1995 *Gutes Bauen in der Ostschweiz*: Wohn- und Bürohaus SoHo, Widnau
2006 *AIT – Murjahn Medaille* (lobende Erwähnung): Stadtlounge, St. Gallen
2008 *City.People.Light. award* (3. Platz): Bubbles der Stadtlounge, St. Gallen
2011 *Contract World Award*: Bühler Customer Center, Uzwil
*Best Architects 2011*: Stadtlounge, St. Gallen
2014 *Award für Marketing & Architektur*: Stadtlounge, St. Gallen, Gesamtsieger
*Best Architects 2014*: Kurhaus Oberwaid, St. Gallen
2017 *A'Design Award – Street Furniture Design* (Platin): Stadtlounge, St. Gallen
*A'Design Award – Interior Space and Exhibition Design* (Silber): Secli Weinwelt AG, Buchs
*ICONIC Award – Architecture*: Stadtlounge, St. Gallen
*Ehrenmedaille des Foro Europeo Cum Laude*
*ICONIC Award – Architecture*: Kurhaus Oberwaid, St. Gallen
2019 *ICONIC Award – Innovative Architecture*: Haus des Weins, Berneck
2020 *Solarpreis:* Migros, Heiden
2021 *Marketing & Communication Award*: Hotel Revier, Lenzerheide
*ICONIC Award – Architecture*: Rehaklinik, Zihlschlacht
*ICONIC Award – Architecture*: Bühler Innovation Campus CUBIC, Uzwil
2022 *ICONIC Award – Architecture*: Raiffeisenbank, Oberriet

## BIBLIOGRAFIE


1995 «Anpacker und die Ausreiser» [Siedlung Prosa, Au / Sparta, Widnau], in: *db – deutsche bauzeitung*, 129. Jg. Nr. 9/95, 82–86
«Holzbausiedlung in AU SG, 1994–1995» [Siedlung Prosa, Au], in: *Werk, Bauen + Wohnen*, 11. November, S. 8–13
1996 «Bricolaje en serie: promoción de viviendas Prosa, Au», in: *Architectura Viva*, Nr. 48, S. 42–45
2002 «Koeppel & Martinez. Schlafhaus (House for sleeping), Asturias, Navia, Spain, 1998–2002», in: Courtenay Smith / Sean Topham, *Xtreme Houses*, München
2006 Gerald Brandstätter, «Leben und Arbeiten unter einem Dach in Berneck / Schweiz. Das Stapelhaus» [Generator, Berneck], in: *md, Nr.* 2, S. 14–20
«Urban Lounge St. Gallen, 2006» [Stadtlounge, St. Gallen], in: *a + t, Nr.* 28, S. 20–25
«red carpet treatment» [Stadtlounge, St. Gallen], in: *Landscapes*, Nr. 9, August bis Oktober
«Platz genommen! – Stadtlounge in St. Gallen», in: *AIT*, Nr. 6, S. 6
«Urban carpet» [Stadtlounge, St. Gallen], in: *A10*, Nr. 10, Juli/August, S. 6
Carlos Martinez: «Stadtlounge St. Gallen», in: *Landscape World*, Nr. 17
2008 [Stadtlounge, St. Gallen], in: Chris van Uffelen, *Pure Plastic*, Salenstein, S. 162
Carlos Martinez, «Stadtlounge St. Gallen», in: *Landscape World*, Nr. 17, S. 22–29
2009 «city lounge» [Stadtlounge, St. Gallen], in: *Area*, Nr. 102 S. 116–121
«Stadtlounge im Raiffeisenareal» [Stadtlounge, St. Gallen], in: *On Site – Landschaftsarchitektur in Europa*, Basel, S. 166–169
2010 [Bühler Customer Center, Uzwil], in: *3lux*, Nr. 1, S. 22–28
2014 *Schweizer Baujournal* [Hotel Säntispark, Abwil] S. 136–140
*NZZ Residence* [Generator, Berneck] S. 10–16
2015 «Carlos Martinez: Selbstbewusste Präsentation trotz Ausgabendisziplin» [Schützenwiese, Kriessern], in: *Leader Special zum Industrie- und Gewerbeneubau Schützenwiese in Kriessern*, April 2016, S. 8–25
2016 *Schweizer Baudokumentation* [Augenklinik Bellavista, Speicher]
[Secli Weinwelt, Buchs], in: *Architektur + Technik*, Nr. 10, S. 21–23
[Generator, Berneck], in: *md Magazin*, Nr. 2, S. 14–20
«Seclis Weinwelt», in: *Gebäudehülle*, Nr. 1/16 S. 6–10

## LECTURES

| | |
|---|---|
| 1994 | "Soziales Leben in der Reihenhaussiedlung", Technische Universität München |
| 1998 | "Junge Wölfe", Architekturforum Zürich, Zurich |
| 1999 | Work report on estate construction, Technische Universität Dresden |
| | Work report on low-cost housing development, Technische Universität Berlin |
| 2000 | "El hórreo marciano – NAVE dormitory", Colegio Oficial de Arquitectos de Asturias (COAA) |
| 2001 | "PROSA – vorfabrizierter Holzbau", 7th International Wood Construction Forum (IHF), Garmisch-Partenkirchen, Garmisch-Partenkirchen, December 5–7 |
| 2002 | "Façade and identity", Architecture Day, expo.02, June 20, Yverdon-les-Bains |
| 2003 | "Symbiosis of art and architecture", ARCO 03, Madrid |
| 2004 | "Material und Sinnlichkeit", University of Constance |
| 2006 | "Stadtlounge St. Gallen", Symposium Skulptur im Öffentlichen Raum, Graz, September 29 |
| | "Kunst und Bau", ImmoVision St. Gallen |
| 2007 | "Bau Dir Deine Stadt", Technische Universität München |
| | Stadtlounge St. Gallen, Kampnagel Hamburg, November 2 |
| 2008 | Werkbericht, St. Gallisch-Appenzellische Kraftwerke AG – SAK Forum |
| 2009 | "Stadtlounge and social space", Municipal Building Authority, Copenhagen |
| | "Expo.01 – Szenografiearbeit", lecture series, Universität St. Gallen – Hochschule für Wirtschafts-, Rechts- und Sozialwissenschaften, Internationale Beziehungen und Informatik (HSG), St. Gallen |
| 2010 | "Who owns urban space?", key-speaker workshop on handling public space, Helsingborg |
| 2017 | "Sinn und SinnLichkeit. Modulbau in Holz, Hotel Revier Lenzerheide", 23rd International Wood Construction Forum (IHF), Garmisch-Partenkirchen, December 6 |
| 2018 | "Wie begegnet die Architektur dem demografischen Wandel?", Symposium Real Estate 2018, Baden, March 13 |
| 2021 | Work report, Into the Woods event, Swiss Embassy, Copenhagen, September 16 |
| 2022 | "Wood construction in Switzerland", Bienal Internacional de Arquitectura – BIARCR. XVI, Arquitectura y resiliencia, Costa Rica, May 28 |

## AWARDS

| | |
|---|---|
| 1995 | *Gutes Bauen in der Ostschweiz:* SoHo residential and commercial building, Widnau |
| 2006 | *AIT – Murjahn Medaille* (honourable mention): Urban Lounge, St. Gallen |
| 2008 | *City.People.Light. award* (3rd Place): Bubbles, Urban Lounge, St. Gallen |
| 2011 | *Contract World Award:* Bühler Customer Centre, Uzwil |
| | *Best Architects 2011:* Urban Lounge, St. Gallen |
| 2014 | *Award für Marketing & Architektur:* Urban Lounge, St. Gallen, Overall Winner |
| | *Best Architects 2014:* Kurhaus Oberwaid, St. Gallen |
| 2017 | *A'Design Award – Street Furniture Design* (Platinum): Urban Lounge, St. Gallen |
| | *A'Design Award – Interior Space and Exhibition Design* (Silver): Secli Weinwelt AG, Buchs |
| | *ICONIC Award – Architecture:* Urban Lounge, St. Gallen |
| | *Ehrenmedaille des Foro Europeo Cum Laude* |
| | *ICONIC Award – Architecture:* Kurhaus Oberwaid, St. Gallen |
| 2019 | *ICONIC Award – Innovative Architecture:* Haus des Weins, Berneck |
| 2020 | *Solarpreis:* Migros, Heiden |
| 2021 | *Marketing & Communication Award:* Hotel Revier, Lenzerheide |
| | *ICONIC Award – Architecture:* Rehabilitation clinic, Zihlschlacht |
| | *ICONIC Award – Architecture:* Bühler Innovation Campus CUBIC, Uzwil |
| 2022 | *ICONIC Award – Architecture:* Raiffeisenbank, Oberriet |

## BIBLIOGRAPHY


| | |
|---|---|
| 1995 | "Anpacker und die Ausreiser" [Prosa estate, Au / Sparta, Widnau]. In: *db – deutsche bauzeitung, Year* 129, No. 9/95, p. 82–86 |
| | "Holzbausiedlung in AU SG, 1994–1995" [Prosa estate, Au]. In: *Werk, Bauen + Wohnen,* November 11, p. 8–13 |
| 1996 | "Bricolaje en serie: promoción de viviendas Prosa, Au". In: *Architectura Viva,* No. 48, p. 42–45 |
| 2002 | "Koeppel & Martinez. Schlafhaus (House for sleeping), Asturias, Navia, Spain, 1998–2002". In: Courtenay Smith / Sean Topham, *Xtreme Houses,* Munich. |
| 2006 | Gerald Brandstätter, "Leben und Arbeiten unter einem Dach in Berneck / Schweiz. Das Stapelhaus" [Generator, Berneck]. In: *md, No.* 2, p. 14–20 |
| | "Urban Lounge St. Gallen, 2006" [Urban Lounge, St. Gallen]. In: *a + t, No.* 28, p. 20–25 |
| | "red carpet treatment" [Urban Lounge, St. Gallen]. In: *Landscapes,* No. 9, August to October |
| | "Platz genommen! – Stadtlounge in St. Gallen". In: *AIT,* No. 6, p. 6 |
| | "Urban carpet" [Urban Lounge, St. Gallen]. In: *A10,* No. 10, July/August, p. 6 |
| | Carlos Martinez: "Stadtlounge St. Gallen". In: *Landscape World,* No. 17 |
| 2008 | [Urban Lounge, St. Gallen] Chris van Uffelen: *Pure Plastic,* Salenstein, p. 162 |
| | Carlos Martinez: "Stadtlounge St. Gallen". In: *Landscape World,* No. 17, p. 22–29 |
| 2009 | "city lounge" [Urban Lounge, St. Gallen]. In: *Area,* No. 102 p. 116–121 |
| | "Stadtlounge im Raiffeisenareal" [Urban Lounge, St. Gallen]. In: *On Site – Landschaftsarchitektur in Europa,* Basel, p. 166–169 |
| 2010 | [Bühler Customer Center, Uzwil] *3lux,* No. 1, p. 22–28 |
| 2014 | *Schweizer Baujournal* [Hotel Säntispark, Abwil], p. 136–140 |
| | *NZZ Residence* [Generator, Berneck], p. 10–16 |
| 2015 | "Carlos Martinez: Selbstbewusste Präsentation trotz Ausgabendisziplin" [Schützenwiese, Kriessern]. In: *Leader Special zum Industrie- und Gewerbeneubau Schützenwiese in Kriessern,* April 2016, p. 8–25 |
| 2016 | *Schweizer Baudokumentation* [Bellavista Eye Clinic, Speicher] |
| | [Secli Weinwelt, Buchs] *Architektur + Technik,* No. 10, p. 21–23 |
| | [Generator, Berneck] *md Magazin,* No. 2, p. 14–20 |
| | "Seclis Weinwelt". In: *Gebäudehülle,* No. 1/16 p. 6–10 |

2017 *Bauen im Rheintal* [Einfamilienhaus S, Widnau] S. 68–69
*Bauen im Rheintal* [Siedlung Prosa, Au] S. 92–93
*Katalog ICONIC Awards 2017* [Kurhaus Oberwaid, St. Gallen]
*Katalog ICONIC Awards 2017* [Stadtlounge, St. Gallen]
*Tasarim Magazine* [Augenklinik Bellavista, Speicher] Nr. 274, S. 40–44
«Welche Zukunft hat das Bauen mit Raummodulen?» [Hotel Säntispark, Abtwil], in: *Zuschnitt*, Nr. 67, S. 14–16, hier: S. 15
Jubiläumsausgabe HEV Kanton St. Gallen, *Dichtes Glück* [Textbeitrag Carlos Martinez], S. 37–39
«Let's take it outside» [Stadtlounge, St. Gallen], in: *Interior*, Nr. 23, S. 78
[Augenklinik Bellavista, Speicher], in: *Intelligent Bauen*, Nr. 3, S. 20–22
[Augenklinik Bellavista, Speicher], in: *Fassade*, Nr. 2, S. 13–16

2018 [Hotel Revier, Lenzerheide], in: *wellhotel – Das Fachmagazin für Hotellerie & Gastronomie*, Nr. 4, S. 138–146
*Leader – 25 Jahre Carlos Martinez Architekten*
*Destination Art* [Stadtlounge, St. Gallen], S. 258
[Hotel Revier, Lenzerheide], in: *AIT*, Nr. 9, S. 26
«Ich bin nie fertig» [Gespräch mit Carlos Martinez], in: *People's Boardmagazin*, Nr. 08.09, S. 27–30
[Hotel Revier, Lenzerheide], in: *d'a*, Nr. 6, S. 78–81
*Arquitectura & Madera* [Hotel Revier, Lenzerheide] S. 38–41
[Hotel Revier, Lenzerheide], in: *Deutsche Bauzeitung*, Nr. 5, S. 22
«Wer braucht schon…» [Hotel Revier, Lenzerheide], in: *Holzbau Austria*, Nr. 2, S. 12–13
*Tea Modern, Ausstellungskatalog SUPERFLEX* [Stadtlounge, St. Gallen], S. 121

2019 *Architektur, Bauen + Handwerk Zürich Ostschweiz – Authentische Bauwerke in der Ostschweiz*, S. 12–13 / S. 220–227
*NEWS Blumer-Lehmann AG* [Knies Zauberhut, Rapperswil], 12. Ausgabe
*Hotel News* [Hotel Revier, Lenzerheide], S. 63
*Fassade I Facade* [Raiffeisenbank, Oberriet], S. 31–34
*Durlum.com* [Bühler Innovation Campus CUBIC, Uzwil]
[Hotel Revier, Lenzerheide], in: *Lignum Holzbulletin 132/2019 Modelbauweise*, S. 3234–3239
«Ornament aus Glasfaserbeton» [Raiffeisenbank, Oberriet], in: *Gebäudehülle*, Nr. 10/19, S. 18–23
«konstruktiv mutig» [Hotel Revier, Lenzerheide], unter: https://kaufmannbausysteme.at/de/hotel-revier-lenzerheide-ch (zuletzt abgerufen: 7.4.2023)
«Raiffeisenbank Oberriet», in: *Architecture Européenne*, Herbst 2019, S. 73–76
Excellent Ausgezeichnet I Winner and Seletion, ICONIC AWARD 2019 [Haus des Weins, Berneck], S. 1–2
[Rehaklinik, Zihlschlacht], in: *Special Leader*, S. 3–18
*Architecture Européenne* [Bühler Innovation Campus CUBIC, Uzwil] S. 122–123
[Schulanlage Ebenholz, Vaduz], bau:zeit, Nr. 6, S. 32–41
[Bühler Innovation Campus CUBIC, Uzwil], in: *Special Leader*, S. 5–30
«Tailor-made architecture has to respond to its humans», in: *Inflight Magazin – Discover Germany, Switzerland & Austria*, Nr. 73, S. 106–109
[Haus des Weins, Berneck SG], in: *wellhotel – Das Fachmagazin für Hotellerie & Gastronomie*, Nr. 1, 17. Jahrgang, S. 60
[Haus des Weins, Berneck SG], in: *Schweizer Schreinerzeitung*, Nr. 11, S. 32–34
[Siedlung Prosa, Au], in: St. Galler Hauseigentümer, *Neue Serie: Mein Haus, mein Zuhause – Leben in Prosa, Au SG*, 41. Jahrgang, S. 6–13
«Die 100 schönsten Hotels in Europa 2019» [Hotel Revier, Lenzerheide], in: *Geo Saison*, Nr. 2, S. 40

2020 [Haus des Weins, Berneck], in: *ENTREE Leben & Wohnen am Bodensee*, 17. Ausgabe, S. 74–81
*Die Ostschweiz, Vision 2030* [Interview mit Carlos Martinez]
*Schweizer Energiefachbuch 2020* [Raiffeisenbank, Oberriet] S. 84–87
*Schweizer Baudokumentation 2020* [Bühler Innovation Campus CUBIC, Uzwil]

2021 [Knies Zauberhut, Rapperswil], *Lignum Holzbulletin 141/2021 Imageträger Holz*, Nr. 141, S. 3572–3575
«Rehaklinik Ziehlschlacht», in: *Architecture Européenne*, Sommer 2021, S. 120–122
«Knies Zauberhut», in: *Architecture Européenne*, Herbst 2021, S. 77–78

2022 *Lignum Calendrier 2022/23* [Knies Zauberhut, Rapperswil]

DANIEL A. WALSER
Textbeitrag

Prof. Daniel A. Walser ist Architekt und unterrichtet an der Fachhochschule Graubünden (FHGR) Architekturtheorie, Architekturgeschichte und Städtebau. In seinen Forschungen fokussiert er sich auf die Architektur im alpinen Raum. Er publiziert und organsiert Ausstellungen. Daniel Walser lebt in Zürich und Chur.

| | |
|---|---|
| 2017 | *Bauen im Rheintal* [Single-family home S, Widnau], p. 68–69<br>*Bauen im Rheintal* [Siedlung Prosa, Au], p. 92–93<br>*Katalog ICONIC Awards 2017* [Kurhaus Oberwaid, St. Gallen]<br>*Katalog ICONIC Awards 2017* [Urban Lounge, St. Gallen]<br>*Tasarim Magazine* [Bellavista Eye Clinic, Speicher] No. 274, p. 40–44<br>"Welche Zukunft hat das Bauen mit Raummodulen?" [Hotel Säntispark, Abtwil]. In: *Zuschnitt,* No. 67, p. 14–16, here: p. 15<br>*Dichtes Glück* Anniversary Publication HEV Canton of St. Gallen [article by Carlos Martinez], p. 37–39<br>"Let's take it outside" [Urban Lounge, St. Gallen]. In: *Interior,* No. 23, p. 78<br>[Bellavista Eye Clinic, Speicher] *Intelligent Bauen,* No. 3, p. 20–22<br>[Bellavista Eye Clinic, Speicher] *Fassade,* No. 2, p. 13–16 |
| 2018 | [Hotel Revier, Lenzerheide] *wellhotel – Das Fachmagazin für Hotellerie & Gastronomie,* No. 4, p. 138–146<br>*Leader – 25 Jahre Carlos Martinez Architekten*<br>*Destination Art* [Urban Lounge, St. Gallen], p. 258<br>[Hotel Revier, Lenzerheide] *AIT,* No. 9, p. 26<br>"Ich bin nie fertig" [interview with Carlos Martinez]. In: *People's Boardmagazin,* No. 08.09, p. 27–30<br>[Hotel Revier, Lenzerheide] *d'a,* No. 6, p. 78–81<br>*Arquitectura & Madera* [Hotel Revier, Lenzerheide], p. 38–41<br>[Hotel Revier, Lenzerheide] *Deutsche Bauzeitung,* No. 5, p. 22<br>"Wer braucht schon..." [Hotel Revier, Lenzerheide]. In: *Holzbau Austria,* No. 2, p. 12–13<br>*Tea Modern, Ausstellungskatalog SUPERFLEX* [Urban Lounge, St. Gallen], p. 121 |
| 2019 | *Architektur, Bauen + Handwerk Zürich Ostschweiz – Authentische Bauwerke in der Ostschweiz,* p. 12–13 / p. 220–227<br>*NEWS Blumer-Lehmann AG* [Knie Conjurer's Hat, Rapperswil], Issue 12<br>*Hotel News* [Hotel Revier, Lenzerheide], p. 63<br>*Fassade I Facade* [Raiffeisenbank, Oberriet], p. 31–34<br>*Durlum.com* [Bühler Innovation Campus CUBIC, Uzwil]<br>[Hotel Revier, Lenzerheide] *Lignum Holzbulletin 132/2019 Modelbauweise,* p. 3234–3239<br>"Ornament aus Glasfaserbeton" [Raiffeisenbank, Oberriet]. In: *Gebäudehülle,* No. 10/19, p. 18–23<br>"konstruktiv mutig" [Hotel Revier, Lenzerheide], https://kaufmannbausysteme.at/de/hotel-revier-lenzerheide.ch (last accessed: 7.4.2023)<br>"Raiffeisenbank Oberriet". In: *Architecture Européenne,* Autumn 2019, p. 73–76<br>*Excellent Ausgezeichnet I Winner and Seletion, ICONIC AWARD 2019* [Haus des Weins, Berneck], p. 1–2<br>[Rehabilitation Clinic, Zihlschlacht]. In: *Special Leader,* p. 3–18<br>*Architecture Européenne* [Bühler Innovation Campus CUBIC, Uzwil], p. 122–123<br>[Ebenholz School, Vaduz], *bau:zeit,* No. 6, p. 32–41<br>[Bühler Innovation Campus CUBIC, Uzwil]. In: *Special Leader,* p. 5–30<br>"Tailor-made architecture has to respond to its humans". In: *Inflight Magazin – Discover Germany, Switzerland & Austria,* No. 73, p. 106–109<br>[Haus des Weins, Berneck SG]. In: *wellhotel – Das Fachmagazin für Hotellerie & Gastronomie,* No. 1, Year 17, p. 60<br>[Haus des Weins, Berneck SG] *Schweizer Schreinerzeitung,* No. 11, p. 32–34<br>[Prosa estate, Au] St. Galler Hauseigentümer: *Neue Serie: Mein Haus, mein Zuhause – Leben in Prosa, Au SG,* Year 41, p. 6–13<br>"Die 100 schönsten Hotels in Europa 2019" [Hotel Revier, Lenzerheide]. In: *Geo Saison,* No. 2, p. 40 |
| 2020 | [Haus des Weins, Berneck] *ENTREE Leben & Wohnen am Bodensee,* Issue 17, p. 74–81<br>*Die Ostschweiz, Vision 2030* [interview with Martinez]<br>*Schweizer Energiefachbuch 2020* [Raiffeisenbank, Oberriet], p. 84–87<br>*Schweizer Baudokumentation 2020* [Bühler Innovation Campus CUBIC, Uzwil] |
| 2021 | [Knie Conjurer's Hat, Rapperswil] *Lignum Holzbulletin 141/2021 Imageträger Holz,* No. 141, p. 3572–3575<br>"Rehaklinik Ziehlschlacht". In: *Architecture Européenne,* Summer 2021, p. 120–122<br>"Knies Zauberhut". In: *Architecture Européenne,* Autumn 2021, p. 77–78 |
| 2022 | *Lignum Calendrier 2022/23* [Knie Conjurer's Hat, Rapperswil] |

DANIEL A. WALSER
Article

Prof. Daniel A. Walser is an architect and teacher of Architectural Theory, Architectural History and Urban Planning at the Fachhochschule Graubünden (FHGR). His research focuses on architecture in the Alpine region. He is a published writer and exhibition organiser. Daniel Walser lives in Zurich and Chur.

## DANKE

An meine Mutter Lydia Martinez († 2018), die mich seit meinem fünften Lebensjahr alleine aufzog und mir mehr beibrachte, als sie sich je bewusst war.

An meinen Lehrmeister Werner Bänziger, der mir die Möglichkeit gab, eine solide Lehre zu absolvieren (mein Mitlehrling war Daniel Buchner von Buchner Bründler Architekten), und an den damaligen Büroleiter Martin Graber, der mich wichtige Dinge über die Architektur lehrte und mir seine Bücher zur Referenz borgte.

An meine Frau Fatima, die mich stets unterstützt, mir mit gutem Rat zur Seite steht und mich viel arbeiten lässt.

An meine loyalen Mitarbeitenden, ohne die ich nicht so viel Spass bei der Arbeit hätte. Speziell an meine Freunde und langjährigen Weggefährten Julian Abad, Diego Rosafio und Raffaele Falivena, der mich mit Matthias Waibel in der Leitung des Teams unterstützt. Weiter an Friederike Heinzig, Nevzad Hamzić und David Gschwend, die neu in der erweiterten Geschäftsleitung intensiv anpacken und zum Gelingen der Projekte entscheidend beitragen.

An die langjährigen Mitarbeitenden Carmen Hernandez-Arcas, Marion Belz, Holger Fritz, Lukas Brachmann, Johannes Milz, Roman Österle, Natalie Hämmerle, Arik Stähli, Dario Weinhandl, Stephan Strässle und Jost Indermaur.

An weitere zurzeit Mitarbeitende in alphabetischer Reihenfolge:
Razan Achor, Nadja Benninger, Onur Bulut, Dirk Fankhänel, Savio Gantenbein, Fabian Geiger, Wolfgang Haberl, Carolina Hangartner, Sascha Häni, Julian Hautle, Sandro Iacovelli, Gazmend Imeri, Can Isik, Jan Jenike, Jonas Kästli, Dalma Kiss, Maica Martinez, Sarah Peter, Nicolas Pracht, Gioia Roth, Kevin Schrag, Hanna Schuster, Arina Streule, Alessandro Tobler, Luigi Vitale, Mario Vlahovic, Aileen Waltner

Team Carlos Martinez Architekten 2023
**Team at Carlos Martinez Architekten, 2023**

THANKS

To my mother, Lydia Martinez († 2018), who raised me on her own since I was five and taught me more than she ever knew.

To the master who trained me, Werner Bänziger, ensuring that I completed a proper apprenticeship (my co-apprentice was Daniel Buchner from Buchner Bründler Architekten), and the office manager at the time, Martin Graber, who taught me important things about architecture and lent me his books for reference.

To my wife Fatima, who always supports me, gives me good advice and allows me to work so much.

To my loyal employees, without whom my work would not be so enjoyable. Specifically to my friends and long-time companions Julian Abad, Diego Rosafio and Raffaele Falivena, who supports me in managing the team together with Matthias Waibel. Also to Friederike Heinzig, Nevzad Hamzić and David Gschwend, who are new to the expanded management, for their intensive commitment and contribution to the projects' success.

To the long-standing team members Carmen Hernandez-Arcas, Marion Belz, Holger Fritz, Lukas Brachmann, Johannes Milz, Roman Österle, Natalie Hämmerle, Arik Stähli, Dario Weinhandl, Stephan Strässle and Jost Indermaur.

Also to current employees in alphabetical order:
Razan Achor, Nadja Benninger, Onur Bulut, Dirk Fankhänel, Savio Gantenbein, Fabian Geiger, Wolfgang Haberl, Carolina Hangartner, Sascha Häni, Julian Hautle, Sandro Iacovelli, Gazmend Imeri, Can Isik, Jan Jenike, Jonas Kästli, Dalma Kiss, Maica Martinez, Sarah Peter, Nicolas Pracht, Gioia Roth, Kevin Schrag, Hanna Schuster, Arina Streule, Alessandro Tobler, Luigi Vitale, Mario Vlahovic, Aileen Waltner

FINANZIELLE UND IDEELLE UNTERSTÜTZUNG

Ein besonderer Dank gilt den Institutionen und Sponsorfirmen, deren finanzielle Unterstützungen wesentlich zum Entstehen dieser Buchreihe beitragen. Ihr kulturelles Engagement ermöglicht ein fruchtbares und freundschaftliches Zusammenwirken von Baukultur und Bauwirtschaft.

**FINANCIAL AND CONCEPTUAL SUPPORT**

**Special thanks to our sponsors and institutions whose financial support has helped us so much with the production of this series of books. Their cultural commitment is a valuable contribution to fruitful and cordial collaboration between the culture and economics of architecture.**

RHEINTALER KULTURSTIFTUNG

Blumer-Lehmann AG, Gossau

Bühler Group, Uzwil

Dietsche MontageProfis, Kriessern

GFT Fassaden AG, St. Gallen

IBG Engineering AG, St. Gallen

Krapf AG Metallbau, Engelburg

Sanitas Troesch AG, St. Gallen

Secli Weinwelt AG, Buchs

St. Galler Kantonalbank AG, Heerbrugg

Alpha Rheintal Bank, Heerbrugg
Bauwerk Group Schweiz AG, St. Margrethen
Lüchinger Metallbau AG, Kriessern
Oekoplan AG, Gossau
Raiffeisenbank Oberes Rheintal, Altstätten
REGENT Beleuchtungskörper AG, Basel
STUTZ AG Bauunternehmung, Hefenhofen

Carlos Martinez
100. Band der Reihe *De aedibus*
Herausgegeben von: Heinz Wirz, Luzern
Konzept: Heinz Wirz; Carlos Martinez Architekten, Berneck
Projektleitung: Quart Verlag, Antonia Chavez-Wirz
Grundlayout, Bildretuschen und Compositings: Can Isik
Archiv und zusätzliches Lektorat: Maica Martinez
Recherche: Natalie Hämmerle
Textbeitrag: Daniel A. Walser, Chur
Objekttexte: Carlos Martinez Architekten: Can Isik, Matthias Waibel, Carlos Martinez, Catherine Sark
Textlektorat deutsch: Eva Guttman, Graz; Britta Schröder, schroeder-works.de, Friedberg (Objekttexte)
Übersetzung deutsch–englisch: Benjamin Liebelt, Berlin
Fotos und Renderings: J. Loher, S. 6 (oben); M. Neal, S. 7, F. Roth, S. 8–11; F. Pinjo, S. 6 (unten), 12, 16 (unten), 41, 43 (zwei Bilder unten), 47, 50 (Mitte links), 53, 57, 60 (oben und Mitte links), 61 (unten), 62/63, 81–87, 89 (unten), 91–97, 99, 101, 103, 104 (zwei untere Bilder), 105–109, 132 (Nr. 17), 133 (Nr. 23), 134 (oben); Alamy Limited Stock, S. 13; unbekannt, S. 15 (oben); C. Isik, S. 15 (unten), 89 (oben), 104 (rechts Mitte), 115, 117 (untere vier Bilder), 134 (Mitte und unten), 135, 140/141; J. Abad, S. 14 (unten); M. Baumgartner, S. 19, 130 (Nr. 8), 131 (Nr. 14); T. Hickel, S. 21, 23, 25 (zwei Bilder unten), 27–33, 49, 130 (Nr. 1); I. Martinez, S. 25 (oben); M. Wetli, S. 35; H. Thalmann, S. 36–39, 43 (oben), 44/45, 54, 56, 59, 60 (rechts), 61 (oben), 76, 79 (oben), 130 (Nr. 4), 131 (Nr. 9, 11), 132 (Nr. 15), 133 (Nr. 22); M. Wild, S. 43 (Mitte links); R. Frei, S. 48, 50 (Mitte rechts; untere zwei Bilder), 51, 130 (Nr. 3, 5); R. Norlander, S. 55; P. Reiner, S. 65, 66 (oben), 67; A. Barakat, S. 66 (unten), S. 131 (Nr. 10); J. Gehrcken, S. 69–71, 111, 113, 117 (oben), 119–129, 132 (Nr. 16, 18, 19, 20), 133 (Nr. 21, 24, 25, 26); M. Lins, S. 73–75, 77; HP. Schiess, S. 79 (unten); T. Lutz, S. 98, P. Füglistaller, 130 (Nr. 2); E. Kees, S. 130 (Nr. 6); G. Jarausch, S. 130 (Nr. 7); S. Scheja, S. 131 (Nr. 12); M. Hutter, S. 131 (Nr. 13); Calc, S. 25 (zwei Bilder in der Mitte)
Redesign: BKVK, Basel – Beat Keusch, Angelina Köpplin-Stützle
Grafische Umsetzung: Quart Verlag Luzern
Lithos: Printeria, Luzern
Druck: Printer Trento S.R.L., Trient

**Carlos Martinez**
**Volume 100 of the series *De aedibus***
**Edited by: Heinz Wirz, Lucerne**
**Concept: Heinz Wirz; Carlos Martinez Architekten, Berneck**
**Project management: Quart Verlag, Antonia Chavez-Wirz**
**Article by: Daniel A. Walser, Chur**
**Project descriptions: Carlos Martinez Architekten: Can Isik, Matthias Waibel, Carlos Martinez, Catherine Sark**
**Basic layout, image retouching and compositing: Can Isik**
**Archive and additional text editing: Maica Martinez**
**Research: Natalie Hämmerle**
**German text editing: Eva Guttman, Graz; Britta Schröder, schroeder-works.de, Friedberg (project descriptions)**
**German–English translation: Benjamin Liebelt, Berlin**
**Photos and rendering: J. Loher, p. 6 (top); M. Neal, p. 7, F. Roth, p. 8–11; F. Pinjo, p. 6 (bottom), 12, 16 (bottom), 41, 43 (bottom two photos), 47, 50 (centre left), 53, 57, 60 (top and centre left), 61 (bottom), 62/63, 81–87, 89 (bottom), 91–97, 99, 101, 103, 104 (bottom two photos), 105–109, 132 (No. 17), 133 (No. 23), 134 (top); Alamy Limited Stock, p. 13; unknown, p. 15 (top); C. Isik, p. 14 (bottom), 89 (top), 104 (right centre), 115, 117 (bottom four photos), 134 (centre and bottom), 135, 140/141; J. Abad, p. 14 (bottom); M. Baumgartner, p. 19, 130 (No. 8), 131 (No. 14); T. Hickel, p. 21, 23, 25 (bottom two photos), 27–33, 49, 130 (No. 1); I. Martinez, p. 25 (top); M. Wetli, p. 35; H. Thalmann, p. 36–39, 43 (top), 44/45, 54, 56, 59, 60 (right), 61 (top), 76, 79 (top), 130 (No. 4), 131 (Nos. 9, 11), 132 (No. 15), 133 (No. 22); M. Wild, p. 43 (centre left); R. Frei, p. 48, 50 (centre right; bottom two photos), 51, 130 (Nos. 3, 5); R. Norlander, p. 55; P. Reiner, p. 65, 66 (top), 67; A. Barakat, p. 66 (bottom), p. 131 (No. 10); J. Gehrcken, p. 69–71, 111, 113, 117 (top), 119–129, 132 (Nos. 16, 18, 19, 20), 133 (Nos. 21, 24, 25, 26); M. Lins, p. 73–75, 77; HP. Schiess, p. 79 (bottom); T. Lutz, p. 98, P. Füglistaller, 130 (No. 2); E. Kees, p. 130 (No. 6); G. Jarausch, p. 130 (No. 7); S. Scheja, p. 131 (No. 12); M. Hutter, p. 131 (No. 13); Calc, p. 25 (two centre photos)**

**Redesign: BKVK, Basel – Beat Keusch, Angelina Köpplin-Stützle**
**Graphic design: Quart Verlag Luzern**
**Lithos: Printeria, Lucerne**
**Printing: Printer Trento S.R.L., Trento**

Der Quart Verlag wird vom Bundesamt für Kultur für die Jahre 2021–2024 unterstützt.


ISBN 978-3-03761-272-9

**Quart Publishers is being supported by the Federal Office of Culture for the years 2021–2024.**


**ISBN 978-3-03761-272-9**

Quart Verlag GmbH
Denkmalstrasse 2, CH-6006 Luzern
books@quart.ch, www.quart.ch

De aedibus
Zeitgenössische Architekturschaffende und ihre Bauten

**De aedibus**
**Contemporary architects and their buildings**

100 Carlos Martinez (de/en)
99 Stocker Lee (de/en, it)
98 Roman Hutter (de/en)
97 Bachelard Wagner (de/en, fr)
96 Alain Wolff architectes (de/en, fr)
95 Horisberger Wagen (de/en)
94 Pont12 (de/en, fr)
93 Christian Dupraz (de/en, fr)
92 group8 (de/en, fr/en)
91 MPH (de/en, fr/en)
90 Spillmann Echsle (de/en)
89 Andy Senn (de/en)
88 Architetti Tibiletti Associati (de/en)
87 Zach + Zünd (de/en)
86 Kistler Vogt (de/en)
85 Sylla Widmann (de/en, fr/en)
84 Aebi & Vincent Architekten (de/en)
83 Baumberger & Stegmeier (de/en)
82 L-architectes (de/en, de/fr)
81 Frei Rezakhanlou (de/en)
80 weberbrunner (de/en)
79 Meyer Piattini (de/en)
78 meier + associés architectes (de/en, de/fr)
77 Lin Robbe Seiler (de/en, de/fr)
76 Meier Leder (de/en)
75 Butikofer de Oliveira Vernay (de/en)
74 Elisabeth & Martin Boesch (de/en)
73 spaceshop Architekten (de/en)
72 Kast Kaeppeli (de/en)
71 Philippe Meyer (de/en, fr)
70 bartbuchhofer (de/en)
69 Hauenstein La Roche Schedler (de/en)
68 Graeme Mann & Patricia Capua Mann (de/en)
67 Esposito Javet (de/en, de/fr)
66 Galletti Matter (de/en, de/fr)
65 Fruehauf, Henry & Viladoms (de/en)
64 Jakob Steib (de/en)
63 bunq (de/en)
62 Jean-Paul Jaccaud (de/en, de/fr)
61 huggenbergerfries (de/en)
60 Berrel Berrel Kräutler (de/en)
59 Pierre-Alain Dupraz (de/en, de/fr)
58 Cometti Truffer (de/en)
57 Joos & Mathys (de/en)
56 Lacroix Chessex (de/en)
55 Savioz Fabrizzi (de/en, de/fr)
54 Boegli Kramp (de/en)
53 Zita Cotti (de/en)
52 Oestreich + Schmid (de/en)
51 Stump & Schibli Architekten (de/en)
50 Luca Gazzaniga (de/en)
49 Guignard & Saner (de/en)
48 Morger + Dettli (de/en)
47 Charles Pictet (de/en)
46 Armando Ruinelli + Partner (de/en/it)
45 Luca Selva Architekten (de/en)
44 Luca Deon (de/en)
43 2b (de/en)
42 Durisch + Nolli (de/en)
41 sabarchitekten (de/en)
40 Beat Rothen (de/en)
39 Atelier Bonnet (de/en)
38 Novaron (de/en)
37 Althammer Hochuli (de/en)
36 Schneider & Schneider (de/en)
35 Frei & Ehrensperger (de, en)
34 Liechti Graf Zumsteg (de/en)
33 Adrian Streich (de/en)
32 Daniele Marques (de/en)
31 Neff Neumann (de/en)
30 Giraudi Wettstein (de/en)
29 Steinmann & Schmid (de/en)
28 Matthias Ackermann (de/en)
27 Aeby & Perneger (de/en)
26 Bakker & Blanc (de/en)
25 Markus Wespi Jérôme de Meuron (de/en)
24 Bauart (de/en, de/fr)
23 Knapkiewicz & Fickert (de/en)
22 Marcel Ferrier (de/en)
21 Wild Bär Architekten (de/en)
20 Enzmann + Fischer (de/en)
19 Mierta und Kurt Lazzarini (de/en)
18 Rolf Mühlethaler (de/en)
17 Pablo Horváth (de/en)
16 Brauen + Wälchli (de/en)
15 E2A Eckert Eckert Architekten (de/en)
14 Lussi + Halter (de/en)
13 Philipp Brühwiler (de/en)
12 Scheitlin – Syfrig + Partner (de/en)
11 Vittorio Magnago Lampugnani (de/en)
10 Bonnard Woeffray (de/en, de/fr)
9 Graber Pulver (de/en)
8 Burkhalter Sumi / Makiol Wiederkehr (de/en)
7 Gigon/Guyer (de, en)
6 Andrea Bassi (de, fr, en)
5 Dieter Jüngling und Andreas Hagmann (de, en)
4 Beat Consoni (de, en)
3 Max Bosshard & Christoph Luchsinger (de)
2 Miroslav Šik (de, en, it)
1 Valentin Bearth & Andrea Deplazes (de, en, it)

books@quart.ch, www.quart.ch